Geri Keller

Der Name Jesus sei euer Gruss

Bruder Klaus – ein Thesenanschlag Gottes

Inhalt

| EINFÜHRUNG | 6 |

I. PUZZLETEILE EINES LEBENS — 10

1. Wenn Anfang und Ende zusammenfallen
2. Das wundersame Dreieck
3. Bruder Klaus – die Ausnahme von der Regel
4. Gottes Schöpfungsordnung wird ausser Kraft gesetzt
5. Das zersprungene Herz
6. «Woher hat er diese Weisheit?»

II. SPURENSUCHE AUF DEM WEG ZUM «EINIG WESEN» — 29

III. DIE DREI GROSSEN VISIONEN — 38

1. Die Brunnenvision
   Versuch der Deutung der Brunnenvision
2. Die Vision vom Pilger in der Bärenhaut
   Der Weg · Die Wahrheit · Das Leben
3. Die Vision von der dreifachen Danksagung

IV.	**MEINE VIER LICHTER ÜBER DEM RANFT**	85

  1. Klaus ist auch als Heiliger durch und durch Mensch
  2. Klaus ist ein Heiliger im Werden
  3. Das zeitlose Gottesbild von Bruder Klaus
  4. Bruder Klaus lebt und handelt im Geist

V.	**DAS RADBILD ALS ZUSAMMENFASSUNG**	106
VI.	**EPILOG**	114
VII.	**ANHANG**	120
	EDITORISCHE NOTIZ	141

EINFÜHRUNG

Niklaus von Flüe (1417–1487) gehört zu den prägendsten Heiligengestalten, die Gott der Schweiz geschenkt hat. Obwohl er im ausgehenden Spätmittelalter gelebt hat, stehen als Zeugen immer noch sein Geburts- und Wohnhaus im Obwaldner Flecken Flüeli wie auch – nur einige Steinwürfe weit entfernt – unten im Ranfttobel seine Eremitenzelle, vereint mit der Kapelle unter demselben Dach. Und immer noch ergiesst sich ein bunter Pilgerstrom durchs Dorf hinunter in den Ranft. Immer noch erklingt das Glöcklein auf dem zierlichen Dachreiter, wird Messe gefeiert und werden Kerzen entzündet. Und immer noch – wie eh und je – erfüllt der Bergfluss Melchaa die Stille mit seinem Rauschen. Bruder Klaus – wie er sich selber nannte – *lebt!* Oder wie es die Basler Dichterin Michèle M. Salmony Di Stefano ausdrückte: «Er ist auf dem Weg zu Euch. Bei Euch. Damals. Jetzt. Und immer.»

Dabei sind es im Grunde so wenige Fragmente, aus denen sich das Bild dieses Heiligen zusammenfügt. Abgesehen von den erwähnten Erinnerungsstätten und den gesicherten Lebensdaten kennen wir eine Anzahl überlieferter Aussprüche, Ratschläge, von ihm diktierte Briefe, weiter sein bekanntes Gebet, sein Radbild und eine Folge höchst eindrücklicher prophetischer Visionen. Allerdings wurden schon früh die Aussagen von Augenzeugen gesammelt und aufgeschrieben. Zu Lebzeiten von Niklaus verfasste ein Deutscher ein Lebensbild des Heiligen. Um 1501 erschien die erste offizielle Biografie, welche die Obwaldner Regierung bei Heinrich Wölflin in Auftrag gegeben hatte. Zuletzt hat Robert Durrer – wieder im Auftrag dieser Regierung – zur fünfhundertsten Wiederkehr der Geburt des Heiligen ein bis heute gültiges Quellenwerk über Bruder Klaus geschaffen, dem – nach dem Erscheinen eines Ergänzungsbandes von Rupert Amschwand – kaum mehr Wesentliches beigefügt werden kann.

Das Höhlen-Phänomen

Grund für das ungebrochene Interesse an Bruder Klaus ist neben dem erdhaft Menschlichen dieses Mannes ein ganz tiefes Geheimnis, das dieses Leben umgibt. Es erinnert an die Anziehungskraft, die Höhlen seit jeher auf Menschen ausüben. Egal ob Kind oder Erwachsener, etwas zieht und lockt, sich da hineinzuwagen, um das verborgene Geheimnis zu erforschen. Bruder Klaus und der Ranft üben eine ähnliche, unwiderstehliche Wirkung auf den Besucher aus. Seit etlichen Jahrzehnten bin ich regelmässig im Ranft zugange, heute mehr denn je. Und immer wieder zieht es einen tiefer hinein; und man weiss: Wir steh'n erst am Anfang des Entdeckens; dieses Geheimnis kann nie und nimmer ausgelotet werden!

Damit ist auch schon etwas darüber gesagt, wie ich diese Arbeit über Bruder Klaus verstehe. Sie erhebt keinen Anspruch auf sogenannte Wissenschaftlichkeit, sofern ein solcher Begriff in diesem Zusammenhang überhaupt Sinn macht. Ich schreibe als ein Betroffener, der bezeugt, welche Bedeutung Leben und Vorbild dieses Heiligen in meinem eigenen Leben bekommen haben. Es ist – wenn man so will – ein Herzens- oder Liebesbekenntnis zu Bruder Klaus.

Ein bleibendes Hoffnungszeichen

Gleichzeitig soll es auch ein Dank sein an die katholische Kirche, aus der unser Heiliger hervorgegangen ist. Allen voran danke ich Diakon Urban Camenzind und der katholischen Gemeindeerneuerung unseres Landes. Sie hatten mich als Pfarrer der reformierten Landeskirche des Kantons Zürich zu drei ihrer Jahresversammlungen eingeladen, um dort über die grossen prophetischen Visionen von Bruder Klaus zu referieren. Damit hatten sie meine Reise ins Höhleninnere mit angestossen. Ein besonderer Dank gilt aber auch den drei Ordensfrauen Erasma, Fernanda und Trudi, die für eine lange Zeit die gute Seele im Ranft waren, vor etlichen Jahren aber von den Mutterhäusern zu neuen Aufgaben gerufen worden sind. Mit Josef und Véronique Hirsch von der Gemeinschaft Chemin Neuf im Kloster Bethanien konnte inzwischen ein mehr als würdiger Ersatz gefunden werden. Doch der grösste Dank geht an den dreieinigen Gott, der dem Leben von Bruder Klaus ein einzigartiges Siegel aufgedrückt und es zu einem bleibenden Hoffnungszeichen nicht nur für die Kirche Jesu, sondern für unser Land und weit darüber hinaus gemacht hat.

I. PUZZLETEILE EINES LEBENS

Es ist nicht meine Absicht, das Leben von Bruder Klaus aufgrund der gängigen Quellen nochmals in allen Einzelheiten zu beschreiben. Solche Lebensbilder gibt es zur Genüge. Für einen raschen Überblick eignet sich die viersprachige, bebilderte Broschüre «Niklaus von Flüe – ein politischer Mystiker», Verlag und Herausgeber: Bruder-Klausen-Stiftung, 6072 Sachseln, Schweiz. Sehr zu empfehlen ist die neu aufgelegte Biografie von Heinrich Wölflin: «Niklaus von Flüe», 1501, gestaltet als eine Art «Faksimile»-Ausgabe in zeitgemässer Sprache und mit entsprechenden Illustrationen im Verlag Lothar Kaiser, Malters. Für ein vertieftes Studium bietet sich das Taschenbuch «Bruder Claus von Flüe: Erleuchtete Nacht» an, erschienen im Kanisius Verlag oder das Standardwerk von Dr. Roland Gröbli «Die Sehnsucht nach dem einig Wesen», erschienen im Rex Verlag Luzern. Ich beschränke mich bewusst auf einige Eckdaten sowie auf eine lose Folge von Puzzleteilen dieses Lebens, die für mich von Bedeutung sind. Anstelle einer allgemeinen Zeittafel finden sich im Anhang dieses Büchleins die Kopien der siebzehn (ursprünglich wohl achtzehn) Tafelbilder in der oberen Ranftkapelle.

1. Wenn Anfang und Ende zusammenfallen

Es geschieht nicht oft, dass ein Mensch an seinem Geburtstag stirbt – als Zeichen, dass das Leben über den Tod triumphiert! Bruder Klaus kam vermutlich am 21. März 1417 zur Welt und verliess diese wieder an seinem siebzigsten Geburtstag, dem 21. März 1487 (siehe Seite 33). So wie ihm schon im Mutterleib die künftige Bestimmung seines Lebens offenbart wurde, so wurde ihm auch sein Sterbedatum anlässlich eines Besuches von drei geheimnisvollen Männern mitgeteilt. Wir wissen, dass Bruder Klaus dieses Datum Bruder Ulrich, dem Einsiedler auf der anderen Seite der Melchaa, mit auf den Weg gab, als dieser zu einer Wallfahrt nach Rom aufbrach. Deshalb schaffte es Ulrich trotz allerlei Verzögerungen rechtzeitig zurück. Klaus reichte ihm noch die Hand, und Ulrich – so heisst es auf einem Tafelbild in der Möslikapelle oben – «steht ihm bis zu seinem Hintritt am 21. März 1487 mit grosser Bestützung bei». So erfüllte sich im Leben unseres Heiligen das Wort aus dem berühmten Gebet des Mose (Psalm 90): *«Unser Leben währet siebzig Jahre ...»*

Doch gibt es noch andere einprägsame Zäsuren im Leben des Bruder Klaus. Exakt in seinem fünfzigsten Lebensjahr zog er sich den Eremitenrock über und verabschiedete sich von seiner Familie und damit auch von seinem bisherigen bürgerlichen Leben, um die nächsten zwanzig Jahre ganz seinem Gott hingegeben zu leben.

Auch im Blick auf die eigene Familie springen die besonderen Zahlen ins Auge, schenkte doch seine Frau Dorothea fünf Knaben und fünf Mädchen das Leben. Zufälligkeiten? Oder vielleicht doch Spiegel einer göttlichen Ordnung, die sich im Leben dieses Heiligen niedergeschlagen hat?

2. Das wundersame Dreieck

Es gehört zum Wesen Gottes, dass er seine Schätze oftmals versteckt oder an Orten hervorkommen lässt, wo niemand es vermuten würde. So lesen wir schon im Buch des Jesaja (53,2), dass der künftige Gottesknecht «wie eine Wurzel aus dürrem Erdreich» aufwachsen werde. Auch Jesus verglich später das Reich seines Vaters mit einem Schatz, der in einem Acker verborgen ist. Wer hätte dies für möglich gehalten, dass der hohe Turm, den der sechzehnjährige Klaus in einer Vision drunten im Ranfttobel gesehen haben will, einmal in alle Welt ausstrahlen würde? Oder wer konnte ahnen, dass Gott dieses armselige Dreieck im Flüeli von Geburtshaus, Wohnhaus und oberer

Ranftkapelle mit integrierter Zelle – alle drei nur ein paar Steinwürfe voneinander entfernt – erwählen würde, um hier sein Reich durch einen Analphabeten zu offenbaren? Man muss weit suchen, bis man einem so rätselhaften Heiligen begegnet, wie es Bruder Klaus ist.

Trotz Schweizer Garde und anderer exzellenter Verbindungen zum päpstlichen Stuhl hat es immerhin fast fünfhundert Jahre gedauert, bis dieser Obwaldner Bauer und Einsiedler am Himmelfahrtsfest 1947 von Papst Pius XII. heilig gesprochen wurde. Vielleicht brauchte es tatsächlich diesen zeitlichen Abstand, um seine sperrige Gestalt mit ihren Widersprüchen einordnen zu können. Dass er in seiner Heimat und darüber hinaus im deutschsprachigen Raum längst als Heiliger verehrt wurde, ist weiter nicht erstaunlich. Das Volk hat schon immer ein tiefes Empfinden für das Echte und Wahre gehabt. Wie aber sollte die offizielle Kirche mit den Herausforderungen eines solchen Heiligenlebens umgehen, das ihren scheinbar in Stein gehauenen Ordnungen und Grundsätzen zu widersprechen schien?

3. Bruder Klaus –
die Ausnahme von der Regel

Wie zum Beispiel war es zu erklären, dass sich Gott über die sakramentale Heiligkeit der Ehe hinwegsetzen konnte, um Klaus von Weib und zehn Kindern weg in die ungeteilte Gemeinschaft mit sich zu rufen? Natürlich gab es dafür auch im Kirchenrecht eine Nischenbestimmung. Doch weit wichtiger: Dieser Schritt geschah im Einverständnis mit Dorothea, seiner Frau, und den schon mündigen Söhnen. Klaus bezeichnete es daher auch als eine besondere Gnade, die ihm im freiwilligen Verzicht der Seinen widerfuhr. Aber auch die jetzt angestrengte Heiligsprechung von Dorothea kann das Ärgernis nicht aus der Welt schaffen, dass sich Gott mit der Trennung zweier Menschen, deren Ehe er zusammengefügt hatte, zu widersprechen schien.

Sicher war das mit ein Grund, weshalb Niklaus sich von zu Hause abzusetzen gedachte und ins Elend, also ins Ausland, gehen wollte. Jedenfalls ist das oft die Art, wie wir mit solchen Peinlichkeiten umgehen: ab Aug', ab Herz, sprich: Freistellung oder Versetzung. Auch Wölflin deutet in seiner Biografie die Befürchtung von Klaus an, seine Wende zum Einsiedlertum könnte ihm in der Heimat als heuchlerische Prahlerei ausgelegt werden. Aber wieder war es Gott, der Klaus mit aller Macht zurückzog, um dieses Ärgernis vor der eigenen Haustür ein für alle Mal und unübersehbar für Kirche und Welt publik zu machen. Sozusagen ein «Thesenanschlag» Gottes an seiner Kirchentür. Noch heute führt der Weg am ehemaligen Wohnhaus der von Flüe vorbei zur nahe gelegenen Einsiedelei im Ranft.

4. Gottes Schöpfungsordnung wird ausser Kraft gesetzt

Dass Niklaus während zwanzig Jahren weder Nahrung noch Flüssigkeit zu sich genommen hat, gilt allgemein als geschichtlich erwiesen. Gerne spricht man in diesem Zusammenhang von einem «Wunderfasten». Wir wissen zwar, dass seit seiner Jugendzeit ein zunehmendes Fasten zum Lebensstil von Bruder Klaus gehört hatte. Aber in den zwei Jahrzehnten seiner Ranftzeit ging es nicht mehr um «Fasten», auch nicht um ein sogenanntes «Wunderfasten»! Mit dem Begriff Fasten verbinden wir einen menschlichen Anteil an von uns erbrachtem Verzicht oder Opfer. Klaus aber *musste, konnte und wollte* nicht mehr essen und trinken. Von Jesus heisst es immerhin, dass er nach seinem Wüstenfasten Hunger verspürt habe. Satan nahm dies zum Anlass, um ihn zu drängen, aus Steinen Brot zu machen. Klaus aber ist gemäss eigener Aussage die Gnade widerfahren, dass er nie mehr irgendein Verlangen danach empfand. Im Gegenteil, er flehte den Konstanzer Weihbischof an, ihm das Leiden des Wahrheitstests zu ersparen, einen Bissen Brot und einen Schluck Wein zu sich nehmen zu müssen, und dieser war tief erschrocken, als er Zeuge wurde, wie Klaus daran fast gestorben wäre.

Die Wende

Wieder ist es Gott selber, der seine eigene Schöpfungsordnung, seine heiligen Naturgesetze, ausser Kraft setzte. Die Wende muss in jener Nacht vor Liestal geschehen sein, als Klaus im Freien genächtigt hatte. Er war nach dem Abschied von seiner Familie auf dem Weg in die Fremde, vermutlich ins Elsass, zu den dortigen Gottesfreunden, als er unvermittelt durch eine Feuerröte über der Stadt Liestal gestoppt wurde. Klaus wandte sich an einen Bauern um Rat, und dieser meinte, er solle in seiner Heimat bleiben, da die Eidgenossen im Ausland nicht gern gesehen seien. So suchte Klaus für die Nacht Schutz unter einer Hecke.

Nach dem Zeugnis zweier verlässlicher Freunde, denen Klaus sein Erlebnis anvertraut hat, «were ein glantz und ein schin vom hymel komen, der tette inn am buch uff, davon im so we bescheche, als ob inn einer mit eim messer uffgehüwen hette und zeigte im, das er wider heim und in Ranfft gan sollt» (übersetzt: ... da wäre ein Glanz und ein Schein vom Himmel gekommen, der ihm den Bauch geöffnet habe; das hätte ihm solche Schmerzen verursacht, als ob ihn einer mit einem Messer aufgeschlitzt hätte, und er wusste, dass er wieder nach Haus und in den Ranft gehen sollte).

Prof. Fritz Blanke fragt in seinem leider vergriffenen Büchlein über Bruder Klaus: «War der ‹Glanz und Schein› eine Wiederholung der Röte von Liestal und der Bauchschmerz in Klausens Augen eine Strafe Gottes?» Auf diese Frage gibt es für uns nur ein entschiedenes Nein, auch wenn Klaus zu jenem Zeitpunkt die ganze Tragweite dieses Geschehens mit Sicherheit noch nicht erkennen konnte. Offenbar war er selber überrascht, dass er danach keinerlei Hungergefühl mehr verspürte, sodass er seinen Seelsorger nach elf Tagen um die Erlaubnis fragte, ob er damit fortfahren dürfe, nichts mehr zu essen und zu trinken. Das legendär anmutende Tafelbild in der oberen Ranft-Kapelle über dieses Geschehen mit seinem schlichten Kommentar: «Vor Liestal durchsticht ein Engel ihm den Leib; von da an isst und trinkt er nichts mehr», scheint also doch nicht so weit weg von der Wahrheit zu sein, so wie es die älteste Grabinschrift auf den lapidaren Nenner bringt: «... diente Gott zwanzig jahr und ein halbes ohne leibliche speise ...»

Klausens Nahrungslosigkeit – ein Stein des Anstosses

Dass ein Mensch über einen Zeitraum von zwei Jahrzehnten nichts isst und trinkt und dabei körperlich fit und geistig hellwach ist – mit einem nachhaltigen gesellschaftlichen und politischen Einfluss in seiner Zeit bis in unsere Moderne hinein –, gehört zumindest als Fussnote in die Liste der Weltwunder unserer Menschheitsgeschichte. Neben Bruder Klaus gibt es zwar noch eine Reihe anderer «nahrungsloser» Mystikerinnen und Mystiker. Die berühmtesten unter ihnen waren jedoch ans Bett gefesselt und «ernährten» sich regelmässig von der Eucharistie oder von Wasser. Wir behandeln diese Tatsache der Nahrungslosigkeit bei Bruder Klaus immer noch hinter vorgehaltener Hand und sind dankbar, dass wir umso mehr den Friedensstifter und Landesvater Klaus herauskehren können.

Der Begriff «Wunderfasten» ist im Grunde Ausdruck unserer Hilflosigkeit und verschleiert mehr, als dass er erklärt. Da wurde in den Selig- und Heiligsprechungs-Prozessen der katholischen

Kirche nach der vorgeschriebenen Anzahl von Heilungswundern gesucht, die als Beweis für die Heiligkeit von Klaus hätten dienen können – ungeachtet dessen, dass das Leben von Klaus in sich selbst ein einziges Wunder ist, das unsere wissenschaftlichen Erkenntnisse aus den Angeln hebt und alle noch so sensationellen Gebetserhörungen durch die Fürbitte von Bruder Klaus bei Weitem übertrifft.

Auf der Suche nach dem Strohhalm

Die Frage sei erlaubt: Ist uns die Fähigkeit des Staunens abhandengekommen? Weil doch alles und jedes erklärbar sein muss, sezieren wir Wunder so lange, bis nichts mehr davon übrig bleibt oder zumindest bis wir glauben, den berühmten Strohhalm einer rationalen Erklärung gefunden zu haben. Wir Christen machen hier keine Ausnahme. Ein solcher Strohhalm bei Klaus ist die Annahme, dass er ab und zu die heilige Kommunion physisch zu sich genommen habe. Wir wissen, dass Klaus eine ganz tiefe Beziehung zum Geheimnis der Eucharistie hatte. Bei Prof. Blanke findet sich der Hinweis, dass der mittelalterliche Mensch geübt war in der sogenannt geistigen Kommunion, das heisst: im blossen andächtigen Miterleben, wenn der Priester am Altar Fleisch und Blut Jesu zu sich nahm.

Seinem Beichtvater Oswald Isner gegenüber soll Klaus einmal sinngemäss gesagt haben, dass er nur durch die (geistige) Teilnahme an der Eucharistie am Leben erhalten werde. Ob Bruder Klaus dies als praktikable Antwort empfand gegenüber seinem Beichtvater, der immer wieder in ihn drang, ihm das Geheimnis seiner Nahrungslosigkeit zu offenbaren, sei dahingestellt. Ich stimme der Bemerkung von Prof. Blanke zu, wenn er sagt: «... so wenigstens sah er (Klaus) die Sache an.» Doch unabhängig davon, ob er ab und zu tatsächlich kommunizierte oder ob dies «nur» geistig geschah: Das sagt mehr aus über die innige Herzensbeziehung von Klaus zu seinem Gott und zur Eucharistie, als dass wir daran das Wunder der völligen Enthaltsamkeit von Nahrung und Flüssigkeit festmachen könnten.

«Gott weiss!»

Es sind auch nicht die offensichtlich hieb- und stichfesten Abklärungen durch die Behörden oder durch die Kirche im Ranft. Der vielleicht echteste Beweis für das Wunder ist die Tatsache, dass Klaus nur zu ganz wenigen, vertrauten Menschen über seine Nahrungslosigkeit gesprochen hat. Dass er nicht mehr essen und trinken musste, war für ihn persönlich *nicht* sein Lebensinhalt, so sehr darin eine Botschaft für uns verborgen ist; es war nur eine Voraussetzung, seinem Gott ohne jede äussere Ablenkung dienen zu können. Deshalb gab er auf neugierige Fragen zur Antwort: «Gott weiss!» Da liegen Welten zwischen dieser Haltung von Klaus und unserem Jahrmarkt der Eitelkeit, der oftmals mit unseren Fastenbemühungen verbunden ist.

Wir können es drehen, wie wir wollen: Es gibt Phänomene, die *nicht* erklärbar sind, es sei denn, wir finden zurück zum Glauben an einen Gott und Schöpfer. Und genau dies war und bleibt der einzige und tiefste Inhalt der Berufung des Heiligen Niklaus von Flüe: uns durch sein Leben wie in einem Spiegel die Realität und das Herz Gottes zu zeigen, genau wie Jesus seinerzeit nichts anderes wollte, als durch sein Leben und Sterben seinen Gott und Vater der Menschheit zu offenbaren. Allen atemberaubenden Forschungsergebnissen zum Trotz: Auf dem Grund des Bechers unseres Wissens und Forschens wartet Gott (ein Zitat, welches – zu Recht oder zu Unrecht – immer wieder dem Physiker Werner Heisenberg zugeschrieben wird). Sei es das Phänomen des hochentwickelten Lebens auf unserem Planeten, das wir in der grenzenlosen Weite des Universums bis jetzt umsonst gesucht haben. Sei es das Phänomen, dass das jüdische Volk über Tausende von Jahren überlebte und seine Identität nie verloren hat und heute wieder auf der Scholle seiner Urväter lebt.

Oder sei es das Phänomen der Auferstehung Jesu, der am Karfreitag noch ohnmächtig und verspottet am Kreuz hing und Tage darauf vor seinen Jüngern stand und ihnen seine Wundmale zeigte.

So dürfen auch wir Klausens zwanzigjährige völlige Abstinenz von Speise und Trank getrost in die Reihe solcher Phänomene einreihen. Da muss der Schöpfer von Himmel und Erde noch einmal hineingegriffen haben in seine eigene Schöpfung, um in der Physis eines Menschen etwas absolut Neues zu schaffen, was es bis dahin noch nicht gab. Es mag vorkommen, dass einer vielleicht neunzig Tage ohne Nahrung sein kann, aber ohne Flüssigkeit kann kein Mensch überleben. Vielleicht haben wir uns schon so sehr an diese Ausnahme in Klausens Leben gewöhnt, dass uns das weltweit Unerhörte, angesichts dessen jedem Wissenschafter die Ohren gellen müssten, gar nicht mehr bewusst ist.

5. Das zersprungene Herz

Geht es im vorher Gesagten um Gottes eigene Ordnungen, die er souverän ausser Kraft gesetzt hat, so geht es hier um einen Vorgang in uns selber, der fast noch revolutionärer ist. In dem Mass, wie wir uns heute wieder nach der Nähe eines

Vater-Gottes sehnen, ist auch die Erkenntnis gewachsen, dass ohne ein zerbrochenes Herz diese Nähe nur schwer erfahrbar ist. Schon durch den Propheten Jesaja spricht Gott: «*In der Höhe und als Heiliger throne ich und bei den Zerschlagenen und Demütigen, dass ich den Geist der Gebeugten belebe und das Herz der Zerschlagenen erquicke*» (57,15b). Nun kann sich freilich keiner ein zerbrochenes Herz machen. Dazu braucht es die Gnade Gottes, und in aller Regel müssen uns auch äussere Umstände zu Hilfe kommen, die oftmals schmerzlich in unser Leben einschneiden und diesen Prozess unterstützen.

Auch im Leben von Klaus waren solche Umstände wirksam. Wie in einer Gletschermühle drehte sich das Zentnergewicht seiner eigentlichen Berufung in seinem wunden Herzen. Er war vertraut mit den Tiefen von Anfechtung und Schwermut. Aber diese Zerbruch-Wege, die zum Leben eines jeden Christen gehören, waren bei Klaus sozusagen nur die Vorbereitung oder Hinführung zum Eigentlichen. Sein Biograf Heinrich Wölflin weiss zu berichten, dass Besucher, die zum Gespräch mit Klaus zugelassen wurden, beim ersten Anblick des Heiligen von grossem Schrecken befallen wurden. Und dies, obwohl Klaus seine Gäste ausgesprochen heiter zu begrüssen pflegte. Klaus selber gab als Grund dieses Schreckens an, dass er einst einen riesigen Lichtglanz gesehen habe, der ein menschliches Antlitz umgab, bei dessen Anblick sein Herz in kleine Stücke zerspringend vor Schreck erschauerte. Völlig betäubt und instinktiv den Blick abwendend, sei er zur Erde gestürzt. Aus diesem Grunde komme sein eigener Anblick anderen Menschen schreckbar vor (Werner Durrer, Dokumente über Bruder Klaus).

Licht-Gesicht vom Himmel
Wer würde sich hier nicht an das Damaskuserlebnis des Juden Saulus erinnert fühlen, als durch die Lichterscheinung des auferstandenen Christus nicht nur seine Augen geblendet wurden, sondern das Herz dieses Pharisäers in viele Stücke zersprang, sodass er sich später Paulus, den Kleinen, nannte und sich als ersten aller Sünder bezeichnen konnte.

So wie Gott bei Liestal den Leib des Eremiten mit seinen schöpfungsmässigen Beschränkungen zerbrach, so zerbrach er durch das Licht-Gesicht vom Himmel das Herz des Heiligen, und zwar endgültig und für immer. Damit hat sich der Höchste selber im Herzen und Leib dieses Mannes eine Wohnstatt bereitet, wo ihn nichts mehr hindern konnte, dieses irdene Gefäss mit seiner ganzen Fülle zu erfüllen. Dies ist der Grund, weshalb bei wahren Heiligen ihre Ausstrahlung und Wirkung nach ihrem Tod zunimmt. So wie Jesus uns Heutigen näher ist als damals seinen Jüngern, so ist uns heute Klaus qualitativ unendlich viel näher, unabhängig davon, wie fragmentarisch die Überlieferungen über ihn sein mögen. Ein Weizenkorn, das in die Erde fällt und stirbt, bringt dreissig-, sechzig- und hundertfältig Frucht. Noch heute ist der Ranft erfüllt von der Gegenwart Gottes.

6. «Woher hat er diese Weisheit?»

So fragten einst die Bewohner von Nazareth, als der Sohn des Zimmermanns in ihrer Synagoge die Schrift auslegte (Matthäus 13,54). Dieselbe Frage stellten sich auch viele der gelehrten und ranghohen Besucher, die den Heiligen mit ihren oft spitzfindigen Fragen prüfen wollten und vor der Geistesgegenwart, Einfachheit und Tiefe seiner Antworten beschämt verstummten. Klaus war zwar die Gabe praktischer Weisheit, zu raten und zu vermitteln, in die Wiege gelegt worden – eine Gabe, die ihm wie von selbst die Türe zu öffentlichen Ämtern und zu politischer Verantwortung geöffnet hatte. Doch später im Ranft trafen die Zeitgenossen auf eine Autorität und einen Sachverstand, welche nicht nur das Geschick von Einzelnen wendeten, sondern die Zukunft von Gemeinden und Städten, ja – im Falle der werdenden Eidgenossenschaft – eines ganzen Volkes bestimmten!

Dabei begegnete der ehemalige Bauer Klaus, der keinerlei Schulbildung genossen hatte, den kirchlichen Würdenträgern, fremdländischen Edelleuten und politischen Gesandtschaften in völliger Natürlichkeit auf Augenhöhe. Nach jener Vision, in der ihm der lebendige Gott selber erschienen war, sodass sein Herz in Stücke zersprang, konnte ihn kein menschlich Hohes mehr beeindrucken. Die Gottesfurcht, die ihn damals überfallen hatte, liess alle Menschenfurcht verblassen.

Hier ging es um eine Weisheit, die dem Analphabeten weder aus Gelehrsamkeit noch aus Bibelstudium zufliessen konnte. Vor allem anderen war es die Quelle der sozusagen ununterbrochenen Gemeinschaft mit seinem Gott, aus der Klaus trank – dieselbe Quelle, aus der Jesus getrunken hatte, sodass er sagen konnte: «Ich sage nur das, was ich den Vater sagen höre.» Oder wie es Paulus im Brief an die Galater einmal ausdrückte: *«Ich habe* (das Evangelium) *nicht von einem Menschen empfangen noch gelernt, sondern durch eine Offenbarung Jesu Christi»* (1,12).

Meditation als Tür zum innersten Herzen Gottes

Natürlich hat Klaus als Kind seiner Zeit auch Anstösse und Erkenntnisse von aussen aufgenommen. Ganz entscheidend war für ihn *die Meditation des Leidens Jesu* entlang der sieben kanonischen Stunden. Einige Jahre bevor er in den Ranft ging, kam eine tiefe Schwermut über ihn. Es war der Priester Heimo Amgrund, der ihm den heilsamen Rat gab und ihn auch in die Praxis dieser Meditation einführte. Von da an war die Passion Jesu untrennbar mit seinem Leben verbunden. Sie wurde für ihn zu einer Türe zum innersten Herzen Gottes und machte ihn zu einem Ausleger des Evangeliums, ohne dass er dasselbe in seinen Einzelheiten kannte.

Dann gab es noch jenes seltsame «Buch», aus dem Klaus für den Rest seines Lebens zu lesen pflegte und das er einmal einem süddeutschen Pilger zeigte: Es war ein archaisch anmutendes Radbild mit sechs Speichen: drei, die mit der Spitze auf den äusseren Radkranz aufsetzen, und drei, die zur Nabe zurückführen. Aus diesem Bild, das offenbar in jener Zeit in mystischen Kreisen Eingang gefunden hatte, gewann er seine tiefsten Einsichten in das Geheimnis der Trinität und in das In- und Miteinander von Gott und Mensch, an die kein dogmatischer Entwurf heranreicht.

Und das Erstaunlichste: Mit seinen Erkenntnissen blieb Klaus nicht, wie so manche Mystiker, in einem Elfenbeinturm. Die ihm geschenkte Weisheit wurde Weisung und Brot für unzählige Ratsuchende, auch für politische Entscheidungsträger.

So ist es bezeichnend, dass der Rat, den Bruder Klaus 1481 den heillos zerstrittenen Land- und Stadtkantonen auf der Tagsatzung zu Stans erteilt hat, wörtlich nicht überliefert ist. Wahrscheinlich müssen seine Anweisungen, die sich dann im sogenannten «Stanser Verkommnis» niedergeschlagen haben, sehr schlicht und unspektakulär gewesen sein. Aber hinter seinen Worten stand eine Autorität, die *Auctoritas*, die Urheberschaft eines barmherzigen Vater-Gottes, der alle Menschen liebt. Was Gott über seinen Knecht Mose gesagt hat, könnte auch für Klaus gelten: «*Er ist mit meinem ganzen Hause betraut, von Mund zu Mund rede ich mit ihm, nicht in Gesichten und nicht in Rätseln, und die Gestalt des Herrn schaut er*» (4. Mose 12,7b–8a).

II. SPURENSUCHE AUF DEM WEG ZUM «EINIG WESEN»

Hier muss nun auch von seinen Visionen gesprochen werden. Sie gehören zum Urgestein dieses Lebens, auch wenn die Frage nach der Echtheit einzelner Visionen nie ganz verstummt ist. Doch wer sein Ohr immer und immer wieder an das Herz dieses Einsiedlers gelegt hat, muss seinen Herzschlag in diesen elementaren, zeitlosen Schauungen heraushören. Alle haben sie zuerst einmal einen Bezug zu seinem eigenen Leben. Sie sind wie die Partitur seiner Berufung, bestehend aus den verschiedenen Sätzen ihrer fortschreitenden Ausgestaltung.

In der ersten, vorgeburtlichen Vision klingen die Themen seiner Lebensberufung an: Zunächst sieht er einen Stern, der die ganze Welt durchleuchtet. Was der Prophet Daniel vorausgesehen hat, wird sich auch im Leben von Bruder Klaus erfüllen: *«Die Weisen aber werden leuchten wie der Glanz der Himmelsfeste und, die viele zur Gerechtigkeit geführt, wie die Sterne immer und ewig»* (Daniel 12,3). Als Zweites habe er im Mutterleib einen grossen Stein gesehen. Er selber deutete es als einen Hinweis auf «die Festigkeit und Stetigkeit seines Wesens, darin er beharren und von seinem Unternehmen nicht abfallen sollte». Man vergegenwärtige sich nur für einen Moment, was es bedeutete, barfüssig und lediglich mit dem Eremitenrock auf dem blossen Leib die harten Innerschweizer Winter zu überdauern! Das heilige Öl schliesslich, das er als Drittes sieht, spricht davon, dass er ein von Gott Gesalbter und Ausgesonderter war, durch den das göttliche Öl des Erbarmens und der heilenden Liebe einmal strömen wird.

Berufen zum Seher und Propheten

Schon diese vorgeburtlichen Bilder machen klar: Es geht im Leben von Klaus um mehr als um eine Berufung zum weltabgewandten Einsiedler oder Mystiker. Sein Leben wird wachsende Kreise ziehen hinein in die Welt, von der er glaubte, sie endgültig verlassen zu haben. Er soll nicht nur Einsiedler und Mystiker, sondern auch Seher und Prophet sein. Die Worte, die über dem Leben des alttestamentlichen Propheten Jeremia ausgesprochen wurden, könnten auch für Bruder Klaus gelten: «*Noch ehe ich dich bildete im Mutterleib, habe ich dich erwählt; ehe du aus dem Schoss hervorgingst, habe ich dich geweiht: zum Propheten für die Völker habe ich dich bestimmt*» (Jeremia 1,5).

Nach gut bezeugter Überlieferung soll Klaus – wie bereits erwähnt – als Sechzehnjähriger im nahegelegenen Ranft einen hohen hübschen

Turm gesehen haben, und ihm war sofort klar: Der Turm bin ich selber! So wie der vorgeburtliche Stern sprach auch der Ranft-Turm von der Bedeutung, die sein Leben einmal haben werde. Mehr nicht. Klaus konnte zu diesem Zeitpunkt noch nicht ahnen, dass dieser Turm so etwas wie die ausgesteckten Profilstangen seiner künftigen Berufung im Ranft sein würde. Ich wäre also zurückhaltend, hier von einer sogenannten Berufungsvision zu sprechen, auch wenn sie sich im Nachhinein als solche ausweist.

Obwohl unser Lebensentwurf von Ewigkeit her im Herzen Gottes vorgezeichnet ist, gehört es zu unserem Menschsein, dass wir uns oftmals mühsam zuerst entlang von Puzzleteilen und Rückschlägen zu ihm vorarbeiten müssen. Es gingen Jahrzehnte ins Land, in denen sich Klaus in inneren Kämpfen mit Gott, mit sich selber und mit seiner Frau und Familie wund scheuerte, bis er an eben dem Platz, wo er einmal den Turm geschaut hatte, zur Ruhe fand und jetzt – hinterher! – verstand, was schon immer die Bestimmung seines Lebens gewesen war.

Bekannt sind auch die drei Visionen, in denen Gott nochmals eindringlich bei Klaus anklopft, um ihn auf die richtige Fährte zu locken. Klaus selber hat einmal von den Erziehungsmassnahmen seines Gottes gesprochen, als er sagte: «Als es Gott gefiel, um mich zurückzukaufen, seine Barmherzigkeit gegen mich voll zu machen, wandte er die reinigende Feile und den antreibenden Sporn an.» Sicher spielt er hier auf die Jahre seiner Schwermut an, doch gerade jene drei Visionen, auf die wir jetzt zu sprechen kommen, machen klar, dass seine Schwermut die Folge einer inneren Zerrissenheit im Leben von Klaus war.

Die weisse Lilie, der Besuch der drei Männer und die Wolke vom Himmel

Da ist zuerst einmal die Vision von einer weissen, wunderbar duftenden Lilie, die aus Klausens Mund heraus zum Himmel wächst. Klaus hatte sich aufs Feld begeben, um nach dem Vieh zu schauen, und nutzte sein Alleinsein, um aus innigstem Herzen zu seinem Gott zu beten. Die Lilie ist Sinnbild für sein andächtiges Gebet, das mit seinem «Duft» den Himmel erreicht. Doch als Klaus wenig später seinen Blick wohlgefällig auf sein schönes Pferd heftete, neigte sich die Lilie, die aus seinem Munde wuchs, hinunter zu jenem Pferd und wurde von ihm im Vorbeigehen gefressen! Wir sind erinnert an das Wort Jesu: *«Wo dein Schatz ist, da wird auch dein Herz sein»* (Matthäus 6,21). Hängen an Besitz und ungeteilte Hingabe an den Geber aller Gaben schliessen sich aus.

Ein andermal, als Klaus gerade mit häuslicher Arbeit beschäftigt war, erhielt er Besuch von drei adligen Männern. Diese fragten ihn, ob er sich wohl mit Leib und Seele ganz in ihre Gewalt begeben wolle. Ohne zu überlegen, schoss es aus Klaus heraus: «Niemandem ergebe ich mich als dem allmächtigen Gott, dessen Diener ich mit Seele und Leib zu sein verlange.» Darauf brachen die Drei in ein fröhliches Lachen aus, und der Erste sprach zu ihm: «Wenn du allein in die ewige Knechtschaft Gottes dich versprochen hast, so verspreche ich dir für gewiss, dass, wenn du das siebenzigste Jahr erreicht hast, dich der barmherzige Gott, deiner Mühen sich erbarmend, von aller Beschwernis erlöst. Darum ermahne ich dich inzwischen zu beharrlicher Ausdauer, und ich werde dir im ewigen Leben die Bärenklaue und die Fahne des siegreichen Heeres geben; das Kreuz aber, das dich an uns erinnern soll, lasse ich dir zum Tragen zurück.» Darauf entfernten sie sich.

Was für eine tiefsinnige und gleichzeitig menschliche Aussage über die heilige Dreieinigkeit! Sie erinnert an einen gotischen Flügelaltar. Auf dem linken Seitenflügel ist die Geschichte vom Besuch der drei Männer bei Abraham dargestellt, die zu ihm kommen, um ihm die Geburt des versprochenen leiblichen Sohnes anzukünden.

Auf dem rechten Seitenflügel könnte diese Klaus-Vision vom Besuch *seiner* drei Männer gemalt sein. Man beachte, wie ihre Rede wechselt. Das eine Mal wird sich der barmherzige Gott über die Mühen des Eremiten erbarmen; dann wieder wechselt die Rede hinüber zur ersten Person: «Ich werde dir im ewigen Leben ... die Fahne des siegreichen Heeres geben»; und das Kreuz, das sie Klaus zurücklassen, soll ihn «an uns» – eben die Dreieinigkeit – erinnern. Wie erfrischend ist es doch, das herzhafte Lachen der heiligen Drei im Ohr zu haben!

Als Klaus einmal zum Mähen ins Melchi ging, bat er Gott unterwegs – wie so oft! – dass er ihm ein andächtiges Leben geben möge, das heisst, dass er – befreit von der Fron des Alltags – ihm ganz dienen könnte. Da sei eine Wolke vom Himmel gekommen. Die redete mit ihm und sprach, er solle sich ergeben in den Willen Gottes, er sei ein törichter Mann, und was Gott mit ihm wirken wolle, darin soll er willig sein, und darum habe er sich mit Recht in Gottes Willen ergeben.

Gefangen in äusseren Umständen

Die drei Visionen zeigen uns Klaus immer noch als Gefangenen seiner äusseren Umstände. Aus den Verpflichtungen öffentlicher Ämter hatte sich Klaus zwar erfolgreich lösen können, aber das Verlassen der Frau und der zehn Kinder überstieg jedes Mass des Zumutbaren! Darin lediglich einen Ungehorsam zu sehen, geht an der Wirklichkeit vorbei. Klaus waren die Hände – wie er empfand – gebunden. Er konnte sich nicht einfach aus seiner Ehe- und Familienverantwortung, die er je länger, je mehr als etwas Bedrückendes empfand, herausstehlen. Auch sein Seelsorger und Priester, dem er sein Leben völlig anvertraut hatte, scheint ihm vorerst nicht dazu geraten zu haben, obwohl er ja die inneren Kämpfe von Klaus hautnah mitbekam. Und wir wissen: Klaus ging keine eigenmächtigen Wege! Nicht einmal eine Verlängerung eines Lebens ohne Essen und Trinken gestatte er sich ohne ausdrückliche Zustimmung seines Beichtvaters.

So versuchte er denn das Unmögliche, beides nebeneinander zu tun: die harte, herausfordernde Arbeit als Bauer und den nicht minder harten priesterlichen Gebetsdienst. Man bedenke: Klaus verrichtete die über den ganzen Tag und die Nacht verteilten Stundengebete, die in solcher Dichte lediglich hinter Klostermauern sinnvoll sein konnten, neben seinem ordentlichen Tagwerk. So wie Jesus seinerzeit als einer «von Nazareth» bezeichnet wurde, ist Klaus einer «von Flüe», geschnitzt aus hartem Berglerholz, vertraut mit Naturgewalten, Dornen und Disteln. Geschliffen in Gefahren und übermenschlichen Anstrengungen, wie die Melchaa in ihrem Flussbett die Steine schleift.

Gerade darum war Klaus später kein abgehobener Heiliger; er blieb ein Mann des Volkes, dem nichts Menschliches fremd war. Einer von uns. Wenn er auf seinem Gang ins Melchi Gott darum bat, er möchte ihm ein andächtiges Leben geben, dann rechnete er zutiefst überhaupt noch nicht damit, dass es ja Gottes Wille war, ihn von Ehe, Familie und Broterwerb zu entbinden. Es brauchte die Bereitschaft und das Ja seiner Frau Dorothea, die den inneren Weg ihres Mannes über die vielen Jahre mitverfolgt und durchlitten hatte, damit sich Klaus «in den Willen Gottes ergeben konnte». Es ist aber undenkbar, dass dieser letzte Schritt nicht auch mit Oswald Isner, seinem Seelsorger, abgesprochen war.

Auf dem Kreuzweg

Am 16. Oktober 1467 schliesslich war der Tag gekommen, an dem sich Klaus von seiner Familie verabschiedete – eine Szene, die immer wieder dargestellt worden ist: Klaus im braunen Eremitenrock, umringt von weinenden Kindern, das Jüngste noch in der Wiege liegend. Nein, Klaus ging weder in den Ranft noch in die nähere Umgebung. Er machte sich auf den Weg ins Ausland. Als vor Liestal der Angelhaken Gottes in seinem

Fleisch fest sass, der ihn mit aller Macht wieder zurückzog in die Heimat, befand er sich plötzlich selber auf einem Kreuzweg. Wie ein Vagabund nächtigte er auf seiner verstohlenen Heimkehr einige Stunden im Stroh seines eigenen Stalls, um sich anderntags auf der Klisterlialp – hinten im Melchtal – ein sicheres Versteck zu suchen.

Als ihn dort ein Jäger entdeckte und sein eigener Bruder zu ihm hinaufstieg und ihn beschwörte, von seinem selbstmörderischen Tun abzulassen, begann für Klaus ein eigentliches Gethsemane. War er bereit, sich ganz in die Hände Gottes und auch der Menschen zu begeben? Er, der ehemalige Ratsherr, Richter und Ehrenmann praktisch vor seiner eigenen Haustüre wie in einem Schaufenster schutzlos dem Geschwätz oder vielleicht Gespött der Leute ausgeliefert, derweil über ihm seine Familie um ihre Existenz kämpfte? Ist doch ein Prophet nirgends verachtet als in seiner Vaterstadt und in seinem Hause. Doch Gott kam ihm zu Hilfe, indem vier Lichter am Himmel erschienen, um als göttliche Bestätigung über dem Ranfttobel stehen zu bleiben.

III. DIE DREI GROSSEN VISIONEN

Mit den drei grossen Visionen meine ich die sogenannte «Brunnenvision», die «Vision vom Pilger in der Bärenhaut» und die «Vision von der dreifachen Danksagung». Sie alle sind uns in einer Luzerner Handschrift überliefert. Die Vision vom Pilger in der Bärenhaut wie auch die Brunnenvision finden sich in der Biografie von Wölflin, letztere allerdings verkürzt und bruchstückhaft. Es ist also wahrscheinlich, dass die authentische Rohfassung von Klaus eine spätere redaktionelle Ausformung erfahren haben könnte, ohne dass dadurch ihr ursprünglicher Sinn verändert worden wäre.

Prof. Fritz Blanke geht in seinem erwähnten Büchlein davon aus, dass Klaus auch diese drei Visionen vor seiner Ranftzeit empfangen habe. Auch in Wölflins Biografie werden sie – freilich ohne Erwähnung der Vision von der dreifachen Danksagung – unter der Überschrift: «Geheimnisvolle Gesichte» dem ersten Lebensabschnitt von Klaus zugeordnet. Vor allem für die Vision von der dreifachen Danksagung mag dies zutreffen. Wir werden noch darauf zu sprechen kommen. Doch im Unterschied zu den übrigen Visionen enthalten die beiden anderen grossen Visionen eine solch dichte, tiefsinnige und wuchtige prophetische Botschaft, die weit über das Leben von Klaus und seine Zeit hinausgeht! Ob Klaus in jener Leidenszeit, wo er vor allem mit sich selber und seiner Berufung gerungen hat, dazu bereit gewesen wäre, solch revolutionäre Inhalte in sich aufzunehmen? Fehlte ihm dazu nicht die nötige Stille und der Raum? Auch die Erkenntnis eines Propheten und Mystikers ist wachstümlich.

Bleibendes Vermächtnis

Im Ranft war der Sturm in Klausens Seele endgültig und für immer zur Ruhe gekommen. Es ist, als könnten wir in diesen drei Visionen bis auf den Grund eines tiefen Bergsees schauen, so wie es Klaus in der Brunnenvision vom Strom des lebendigen Gotteswassers sagt, dass es so klar gewesen sei, dass man eines jeden Menschen Haar auf dem Grund hätte sehen können. Ich bin überzeugt, dass wir in diesen drei Visionen so etwas wie ein bleibendes Vermächtnis des Heiligen vor uns haben.

Erstaunlich sind die inhaltlichen Überschneidungen der drei Visionen. Keine Frage, sie müssen aus derselben Quelle kommen! Sie bilden zusammen eine Einheit, so wie die drei Speichen des Radbildes. Auch in den Verfremdungen der jeweiligen Visionstexte unterscheiden sich ihre Inhalte nicht von den Aussagen, die uns von Klaus überliefert worden sind. Die absolute Originalität der Visionsbilder entspricht dem Wesen von Bruder Klaus, der seine «Theologie» über zwanzig Jahre immer neu an seinem Radbild meditierte und vertiefte. Diese Visionen können keine Schreibtisch-Konstrukte sein, selbst dann nicht, wenn der Schreibtisch in einem Luzerner Kloster gestanden haben sollte. Ich vermute eher, dass uns trotz tiefenpsychologischer Nachhilfe der Blick in das «Dahinter» (Silja Walter) dieser Visionen nur beschränkt gelungen ist. Was vom Geist geboren ist, kann nur der Geist erschliessen.

Ich selber habe den Eindruck, im Hinblick auf diese Botschaften noch immer «auf der Schwelle zu stehen», obwohl ich sie unzählige Male umkreiste und verinnerlichte. Dies ist mit ein Grund, weshalb ich so lange mit dem Schreiben gewartet habe, obwohl ich oft dazu gedrängt wurde. Ich weiss, ich kann nur mit dem Mass, das mir zuteil wurde, an diese Aufgabe herangehen. Aber im Spätherbst meines Lebens, wo eben die fallenden Blätter vor dem Fenster im Wind tanzen und sich die Wolken am Himmel jagen, will ich jene Worte, die damals aus der weissen Wolke zu Klaus sprachen, mir selber zu Herzen nehmen: «Er solle sich ergeben in den Willen Gottes, er sei ein törichter Mann, und was Gott mit ihm wirken wolle, darin solle er willig sein, und darum habe er sich mit Recht in Gottes Willen gegeben.» Den Wortlaut der drei Visionen zitiere ich nach dem sogenannten Luzerner Text, wie er im eingangs erwähnten Büchlein «Bruder Claus von Flüe: Erleuchtete Nacht» wiedergegeben wird.

1. Die Brunnenvision

Ein Mensch unterbrach den Schlaf um Gottes willen und um seines Leidens willen. Und er dankte Gott für sein Leiden und seine Marter. Und ihm gab Gott Gnade, dass er darin seine Unterhaltung und Freude fand. Hierauf legte er sich zur Ruhe, und es schien ihm in seinem Schlaf oder in seinem Geist, er käme an einen Platz, der einer Gemeinde gehörte. Da sah er daselbst eine Menge Leute, die taten schwere Arbeit; dazu waren sie sehr arm. Und er stand und schaute ihnen zu und verwunderte sich sehr, dass sie so viel Arbeit hatten und doch so arm waren.

Da sah er zur rechten Hand ein Tabernakel erscheinen, wohlgebaut. Darein sah er eine offene Tür (hinein)gehen, und er dachte bei sich selbst: Du musst in den Tabernakel gehen und musst sehen, was darin sei, und musst bald zu der Tür hereinkommen. Da kam er in eine Küche, die einer ganzen Gemeinde gehörte. Da sah er zur rechten Hand eine

Stiege hinaufgehen, vielleicht vier Stufen messend. Da sah er einige Leute hinaufgehen, aber wenige. Ihm schien, ihre Kleider wären etwas gesprenkelt mit Weiss. Und er sah einen Brunnen aus den Stufen in einen grossen Trog zu der Küche fliessen, der war von dreierlei: Wein, Öl und Honig. Dieser Brunnen floss so schnell wie der Strahlenblitz und machte ein so lautes Getöse, dass der Palast laut erscholl wie ein Horn. Und er dachte: Du musst die Stiege hinaufgehen und musst sehen, woher der Brunnen kommt. Und er verwunderte sich sehr, da sie so arm waren und doch niemand hineinging, aus dem Brunnen zu schöpfen, was sie wiederum so wohl hätten tun können, da er gemeinsam war.

Und er ging die Stiege hinauf und kam in einen weiten Saal. Da sah er inmitten des Saales einen grossen viereckigen Kasten stehen, aus dem der Brunnen floss. Und er machte sich an den Kasten und besah ihn. Und als er zu dem Kasten ging, da wäre er fast versunken, wie einer, der über ein Moor geht, und er zog seine Füsse rasch an sich und kam zu dem Kasten. Und er erkannte in seinem Geist, wer seine Füsse (nicht) rasch an sich zöge, der möchte nicht zum Kasten kommen. Der Kasten war an den vier Ecken beschlagen mit vier mächtigen eisernen Blechen. Und dieser Brunnen floss durch einen Kännel (eine halbierte Röhre) weg und sang so schön in dem Kasten und in dem Kännel, dass er sich darüber höchlich wunderte. Dieser Quell war so lauter, dass man eines jeden Menschen Haar am Boden wohl hätte sehen können. Und wie mächtig er auch daraus floss, so blieb doch der Kasten wimpervoll, dass es überfloss. Und er erkannte in seinem Geist, wie viel daraus floss, dass immer noch gern mehr darin gewesen wäre, und er sah es aus allen Spalten herauszwitzern.

Und er dachte: Du willst wieder hinabgehen. Da sah er (es) allerseits mächtig in den Trog strömen, und er dachte bei sich selbst: Du willst hinausgehen und sehen, was die Leute tun, dass sie nicht hereingehen, des Brunnens zu schöpfen, dessen doch ein grosser Überfluss ist. Und er ging zur Tür hinaus. Da sah er die Leute schwere Arbeit tun und dazu fast arm sein. Da beobachtete er sie, was sie täten. Da sah er, dass einer dastand, der hatte einen Zaun geschlagen mitten durch den Platz. In der Mitte des Zaunes hatte er einen Gatter (ein Törlein), den hielt er vor ihnen zu mit der Hand (und) sprach zu ihnen: «Ich lasse euch weder hin noch her, ihr gebt mir denn den Pfennig.» Er sah einen, der drehte den Knebel auf der Hand und sprach: «Es ist darum erdacht, dass ihr mir den Pfennig gäbet.» Er sah Pfeifer, die ihnen aufspielten und ihnen den Pfennig heischten. Er sah Schneider und Schuhmacher und allerlei Handwerksleute, die da den Pfennig von ihm haben wollten. Und ehe sie das alles aus-

richteten, da waren sie so arm, dass sie kaum das bekamen. Und er sah niemanden hineingehen, um aus dem Brunnen zu schöpfen.

Wie er so stand und ihnen zusah, da verwandelte sich die Gegend und wurde zu einer wüsten Steinhalden daselbst und glich der Gegend, die um Bruder Klausens Kirche liegt, wo er seine Wohnung hat, und er erkannte in seinem Geist, dieser Tabernakel wäre Bruder Klaus.

Zunächst zum Äusseren: Diese Vision ist ein Schulbeispiel für das Wesen einer echten Vision. Klaus spricht einleitend «von einem Menschen», dem diese Vision widerfuhr. Er tritt selber zurück hinter diese allgemeine Formulierung, wie seinerzeit Paulus, als er in 2. Korinther 12 – ebenfalls in der 3. Person – von seiner tiefsten Vision berichtet. Die Brunnenvision illustriert besonders schön, wie Visionen sich entwickeln. Ähnlich wie bei einer Babuschka kommt fortschreitend immer wieder eine neue zum Vorschein. Deshalb das ständige «und ich sah», was eine Weiterführung oder Vertiefung der Vision ankündigt.

Botschaften zur Stunde

Zum Inhalt: Alle drei Visionen vermitteln eine prophetische Botschaft. Das prophetische Wort ist dem Schriftwort von Altem und Neuem Testament nicht gleichzusetzen; deshalb muss es geprüft werden, und es muss sich daran messen lassen, dass es nicht im Gegensatz steht zum geschriebenen Wort und dass das Vorhergesagte auch eintrifft zu seiner Zeit. Trotzdem: Prophetisches Wort kommt aus dem Herzen Gottes und ist Ausdruck seiner Fürsorge und seiner Leidenschaft für Menschen und Völker. Er ist ein lebendiger Gott, dem das geschriebene Wort nicht den Mund verschliessen kann.

Deshalb ermahnt uns Paulus, wir sollten am allermeisten nach der prophetischen Rede trachten, das heisst, dass wir Gott die Möglichkeit geben, andere durch uns zu erbauen, zu ermahnen und zu trösten (1. Korinther 14,3). Prophetisches Wort, wenn es geistgewirkt ist, ist lebendiges Wort, das fähig ist, wieder Leben zu zeugen oder freizusetzen. Und weil es lebendiges Wort ist, kann es in sich eine Keimkraft tragen, die oft nach vielen Jahrhunderten oder Jahrtausenden wieder ausschlägt, Herzen trifft und Raum schafft für Gotteserfahrungen! Sicher tragen die Visionen von Bruder Klaus eine Botschaft für ihre Zeit in sich. Doch dürfen wir sie nicht nur durch dieses Raster auslegen. Ich glaube, dass sie uns nach sechshundert Jahren nochmals «anspringen», herausfordern und zu Entscheidungen drängen, als wären es Botschaften zur Stunde.

Versuch einer Deutung der Brunnenvision
Zunächst begleiten wir Klaus auf seinem inneren Weg durch diese Vision. Er sieht sich versetzt auf einen öffentlichen Platz, mitten ins Getriebe des geschäftigen Lebens. Zu seinem Erstaunen bleiben die Leute, die bis aufs Letzte gefordert sind, in Armut gefangen, ein Phänomen, das heute als «Working Poor» bekannt ist. Trotz Arbeitseinsatz bleibt man unter der Armutsgrenze und ist auf fremde Hilfe angewiesen. Während Klaus noch diesem Phänomen nachsinnt, ersteht vor seinem inneren Auge ein wohlgebauter Tabernakel, und er sieht, dass die Türe, die da hineinführt, offen steht. Sofort weiss er: Du *musst* da hineingehen, so schnell wie möglich!

Er reisst sich los von der Not der Leute und allen offenen Fragen und betritt den Tabernakel. Hier kommt er zuerst in eine Grossküche, die einer ganzen Gemeinde gehört. Küche als Ort, wo vor allem in früheren Zeiten zusammen gegessen und getrunken, gelacht und geweint, gearbeitet und gefeiert wurde, ist Bild für die Kirche, für die *Communio Sanctorum*, die Gemeinschaft der Heiligen. Deshalb hat Jesus die Eucharistie oder Mahlfeier gestiftet als tiefsten Ausdruck unserer Gemeinschaft mit Gott und miteinander. Rechts sieht Klaus eine Treppe hochgehen. Aus ihren Stufen ergiesst sich mit rasender Schnelle und unter ohrenbetäubendem Rauschen ein Brunnen von Wein, Öl und Honig hinein in ein grosses Behältnis, das in der Küche steht.

Das Geheimnis der Dreieinigkeit

Wo immer uns bei Klaus die Dreizahl begegnet, steht dahinter das Geheimnis des dreieinigen Gottes. Dieser hat nie aufgehört, durch alle Jahrhunderte seinen Segen in kirchliche Gefässe hineinzugiessen, egal ob Menschen ihn wahrnahmen oder nicht. Entscheidend ist nicht so sehr, welcher Person der Gottheit wir Wein, Öl oder Honig zuordnen. Gott ist in sich eins. Da der Vater Liebe ist, kann der Wein sehr wohl auf ihn bezogen werden; der Honig kann für die Süsse des Wortes stehen – Jesus –, während das Öl Hinweis auf den Geist sein könnte.

Doch Klaus genügt es nicht, bei diesen Strömen des Segens stehen zu bleiben – ein Verhängnis, das die sogenannte charismatische Bewegung teilweise zum Stillstand brachte, weil sie ihre Identität mehr und mehr in den Geistesgaben und nicht mehr in Christus hatte. Anders Klaus: Der Geist in ihm treibt ihn – wie die paar Wenigen, Weissgesprenkelten, die er vorhin gesehen hatte – hinaufzugehen, um zu sehen, woher der Brunnen kommt. Während er an dieser tosenden Überfülle vorbeigeht, fragt er sich, weshalb niemand von den Armen draussen reinkommt, um aus dem Reichtum zu schöpfen, der ihnen gehört. So kommt er in einen weiten Saal, und er sieht: Mitten im Raum steht ein mächtiger, viereckiger Kasten, aus dem der Brunnen quillt! Er will ihn in Augenschein nehmen, doch er sinkt fast ein, wie einer, der über ein Moor geht. Rasch zieht er seine Füsse an sich, und in seinem Geist erkennt er: Wenn einer seine Füsse nicht rasch an sich zöge, wäre es unmöglich, zum Kasten zu kommen.

Nichts als ein viereckiger Kasten, wie er damals in jedem Wohnhaus stand, dazu beschlagen mit eisernen Blechen an seinen vier Ecken – soll dies der Ort der Gottesoffenbarung sein? Soll dieser Kasten das Geheimnis des Brunnens in sich bergen? Kein Wunder kommt sich Klaus vor wie einer, der durch einem Sumpf geht und einsinkt. Die Art, wie Gott sich uns offenbart, ist so konträr zu unseren gängigen, religiösen Vorstellungen. Deshalb ist in der Regel seinen Offenbarungen immer dieser «Sumpf» von Zweifel, Unglaube, Überheblichkeit und Besserwisserei vorgelagert. Oder mussten die Zeitgenossen Jesu nicht bildlich gesprochen über ein Moor gehen, um in diesem Wanderprediger und Zimmermannssohn Gottes eigenen Sohn zu erkennen!? Vom «Sumpf» vor den drei Kreuzen gar nicht zu reden, als er ohnmächtig zwischen zwei Verbrechern hing und ausrief: «*Mein Gott, mein Gott, warum hast du mich verlassen?*»

Ist es nicht Gottes tiefster Schmerz, dass er uns so menschlich nahe begegnen will, wie eine Henne ihre Küchlein unter ihre Flügel sammelt (Matthäus 23,37), und wir dazu «keinen Bock haben», weil wir auf eine göttliche Performance warten, die unsere intellektuellen, theologischen und ästhetischen Erwartungen befriedigen könnte? Ahnen wir, wie radikal das Wort Jesu zu verstehen ist, dass wir wie Kinder werden müssten? Weil nur Kinder – gemeint sind Menschen mit einem gereinigten Herzen – sein Reich überhaupt sehen und in seine Wirklichkeit hineinkommen können.

Gott singt über seiner Schöpfung

Als Klaus schliesslich vor dem Kasten steht, da enthüllen sich ihm die Geheimnisse des Herzens Gottes: Er hört, wie das Wasser in diesem unansehnlichen, vierschrötigen Möbel singt, ja, dass es auch noch im Wegfliessen voller Gesang ist! Es ist eines, dass uns ein Gott gut zureden mag, sich nicht zu fürchten. Aber es ist nochmals etwas anderes, wenn dieser Gott über uns und seiner Schöpfung sein Herz aussingt! Gleichzeitig sieht Klaus das singende Wasser «aus allen Ritzen herauszwitzern», das heisst, durch alle Ritzen hindurchdrücken. Er beginnt in seinem Geist zu erkennen, mit welcher Leidenschaft Gott zu seinem Geschöpf hindrängt, ja, dass er ihm viel mehr geben möchte, als wir überhaupt zu empfangen imstande sind.

Auch dies ist ein Gottesschmerz, dass wir noch immer nicht verstehen, dass er nichts zurückhalten, dass er uns alles geben möchte. Ist er doch ein Gott der Fülle, so wie es Jürgen Moltmann so schön entfaltet: «Die Fülle Gottes ist die überschwängliche Fülle des göttlichen Lebens; ein Leben, das sich unerschöpflich-schöpferisch mitteilt; ein überströmendes Leben, das Totes und Abgestorbenes lebendig macht; ein Leben, von dem alles Lebendige seine Lebenskräfte und seine Lebenslust empfängt; eine Lebensquelle, auf die alles, was lebendig gemacht worden ist, mit tiefer Freude und lautem Jubel antwortet» (J. Moltmann, Das Kommen Gottes, S. 365).

Wer wüsste besser um diese Fülle als unser Heiliger, der während zwanzig Jahren einzig und allein aus dieser Fülle schöpfte und dadurch an einem zutiefst schöpferischen Leben erhalten wurde! Doch Klaus drängt es, hinabzugehen. Wieder dieselbe Frage, als er am mächtig rauschenden Brunnen vorbeigeht: Was ist es, das die Leute zurückhält, herzukommen und sich diesen Reichtum anzueignen? Er nimmt sich vor, diesmal genau hinzusehen, und er erkennt: Die Menschen sind Gefangene eines Pfennig-Systems, das ihnen Bedürfnisse suggeriert, die sie unentwegt in Trab halten, sodass sie das, was sie durch ihre Arbeit meinen verdient zu haben, wieder ausgeben müssen.

Man fühlt sich hier in einen Film unserer Tage versetzt: Mit welch raffinierten Methoden wird der globale Verkaufsmotor am Laufen gehalten durch die Endlosschlaufe immer neu geschaffener Bedürfnisse. Man glaubt zwar, dem Leben hinterherzurennen, und findet sich wieder in der Schuldenfalle und in einem Überlebenskampf, der an die Substanz von Beziehungen, Ehen und Familien geht – weit weg von einem Leben, das diesen Namen verdient. Doch es wäre zu billig, mit dem Finger auf unser Gesellschaftssystem zu zeigen. Auch Kirchen und christliche Gemeinschaften können – nur unter anderen Vorzeichen – nach demselben Muster funktionieren, und die Frage muss gestellt werden, ob sich diese Vision nicht eher an die «Working Poor der Kirchen» wendet. Was heisst das konkret?

«Kommt und trinkt!»

Der Tabernakel, wie Klaus ihn sieht, ist der Ort der Gegenwart, der realen Präsenz Christi.

Wo Menschen in seinem Namen zusammenkommen, da will ER in ihrer Mitte sein (Matthäus 18,20). Die Türe in den Tabernakel steht offen. Es ist keine Frage: Wir haben heute mehr denn je eine offene, niederschwellige Kirche. Aber es ist ebenso klar: Kirche ist in sich kein Selbstzweck. Wir betreten den Tabernakel nicht zuerst, um einer Kirche zu begegnen, sondern dem lebendigen Gott. Nicht Menschen, Gott selber lockt und ruft uns hinein: «*Wenn jemand dürstet, komme er zu mir und trinke!*» (Johannes 7,37b). Nie ist dieser Heilandsruf an die Mühseligen und Beladenen verstummt. Deshalb diese grenzenlose Fülle! Der tosende Brunnen von Gottessegnungen ist für alle, die Durst und Hunger haben, so wie Klaus es richtig spürt, wenn er sich wundert, weshalb sie nicht kommen, um zu schöpfen, «was sie wiederum so wohl hätten tun können, da er gemeinsam war».

Es ist eines, *für* Gott zu arbeiten und sich am Gaben-Tisch in der Küche zu bedienen, und es ist ein anderes, aufzustehen, um selber zur Quelle zu gehen. Im Bild ausgedrückt: Menschen wollen zu einem Konzert, werden aber an der Garderobe so lange auf- und hingehalten, dass das Konzert schon längst begonnen hat, während sie immer noch im Foyer beschäftigt sind. Natürlich ist es Auftrag der christlichen Kirchen und Gemeinschaften, Menschen zu Jüngerinnen und Jüngern zu machen, das heisst, sie in eine Mündigkeit hineinzuführen. Aber dieser verantwortungsvolle Dienst darf nicht zu einer Eigendynamik verkommen, wo sich Programm an Programm, Schulung an Schulung, Seminar an Seminar, Weiterbildung an Weiterbildung reiht. Demgegenüber steht das heilige dreimalige «Muss» von Bruder Klaus: «Du *musst* in den Tabernakel gehen und *musst* sehen, was darin sei, und *musst* bald zu der Tür hereinkommen.»

Szenenwechsel: Klaus befindet sich wieder im Ranft, «wo er seine Wohnung hat», und in seinem Geist springt ihn die Erkenntnis an: «Dieser Tabernakel wäre Bruder Klaus.» Was heisst das? Der Ort, wo Tabernakel hingehören und stehen, ist doch die Kirche. Klar ist auch: Was den Tabernakel zum Tabernakel macht, ist sein Inhalt, nämlich die Präsenz Jesu Christi. Für sich genommen ist der Tabernakel lediglich ein Behältnis, das keinerlei Verehrung beanspruchen kann, egal wie kostbar es gestaltet ist. Was Klaus also im Geist erkennt, ist: Er selber ist ein lebender Tabernakel, der in sich den realen Christus trägt. Von ihm und seinem Leben fliessen deshalb Ströme lebendigen Wassers, wie es von Jesus in Johannes 7,38 vorausgesagt wurde.

Erfüllt mit der ganzen Fülle Gottes

In solcher Innewohnung Gottes im Menschen kommt die Inkarnation, die Menschwerdung Gottes, überhaupt erst zu ihrem Ziel. Das hebt nicht auf, dass die ganze Erde erfüllt ist von seiner Gegenwart, sodass wir «in IHM leben und weben und sind» (Apostelgeschichte 17,28). Die römisch-katholische Kirche hat immer beiden Realitäten Ausdruck verliehen: in der Institutionalisierung des Tabernakels als der realen Gegenwart Christi im Kirchenraum und im Sakrament der Eucharistie, wo die Gläubigen mit der Hostie die materialisierte Gegenwart Christi essen und in sich aufnehmen. Doch was Klaus in seinem Geist erkennt, sprengt jene traditionellen Vorstellungen bei Weitem. Mit der Formulierung, dass *er selber* dieser Tabernakel wäre, wird die Innewohnung Christi zu einer bleibenden, zentralen Wahrheit erhoben. Darin spiegelt sich der Morgenglanz reformatorischer Erkenntnis, wie sie vor allem von Paulus in seinen Briefen herausgearbeitet worden ist.

Bruder Klaus steht bildlich auf der Schwelle. Er ist ein treuer Sohn seiner Kirche, der er sich im Gehorsam unterordnet. Zu seinem Leben gehören ebenso sehr das «Bätti», eine Frühform des späteren Rosenkranzes, wie auch seine tiefe Liebe zur Gottesmutter Maria. Doch gleichzeitig ist sein Geist seiner Zeit weit vorausgeeilt. Was ein halbes Jahrhundert später unter grossen Geburtsschmerzen als «neuer Glaube» ins Bewusstsein tritt, ist in seinem Leben bereits zu einer (Vor-)Ahnung geworden, zwar für viele Augen noch verborgen, weil wir Menschen oft nur unsere eigenen Gedanken und Überzeugungen in ein anderes Leben hineinlesen können.

Auch wenn «eine einzelne Schwalbe noch keinen Sommer macht», so hat doch der Heilige Geist als ein Geist der Wahrheit unabhängig von herrschenden Zeit-Strömungen immer wieder solche Nuggets zeitloser Erleuchtung geschenkt, die erst viel später erkannt und aufgenommen wurden. Bruder Klaus ist nur ein Beispiel unter vielen. Als lebender Tabernakel haben die Ströme, die von seinem Leben ausgehen, nie aufgehört zu fliessen. An ihm hat sich jene Verheissung bewahrheitet, dass wir erfüllt werden sollen mit der ganzen Fülle der Gottheit (Epheser 3,19).

2. Die Vision vom Pilger in der Bärenhaut

... Und ihn dünkte in seinem Geist, es käme ein Mann in Pilgers Art, er führte einen Stab in seiner Hand, seinen Hut hatte er so aufgebunden und nach

hinten umgekrempt wie einer, der auf die Strasse will, und er trug einen Mantel. Und er erkannte in seinem Geist, er (der Wanderer) käme von Sonnenaufgang oder von fern her. Wiewohl er das nicht sagte, kam er von daher, wo die Sonne im Sommer aufsteht. Und als er zu ihm kam, da stand er vor ihm und sang diese Worte: Alleluja. Und als er anfing zu singen, widerhallte ihm die Stimme, und alles, was zwischen Himmel und Erdreich war, hielt (d. h. unterstützte) seine Stimme, wie die kleinen Orgeln die grossen. Und er hörte aus einem Ursprung drei vollkommene Worte hervorgehen und sie wieder verschliessen in ein Schloss, wie eine Feder, die sehr stark vorschiesst. Und als er die drei vollkommenen Worte, von denen keines das andere berührte, gehört hatte, mochte er doch nicht sprechen denn von einem Wort.

Und als er diesen Gesang vollendet hatte, bat er den Menschen um eine Gabe. Und er (Bruder Klaus) hatte einen Pfennig in der Hand und wusste nicht, woher ihm der gekommen war. Und er (der Pilger) zog den Hut ab und empfing den Pfennig in den Hut. Und der Mensch hatte nie erkannt, dass es eine so grosse Ehrwürdigkeit war, eine Gabe in den Hut zu empfangen. Und den Menschen wunderte es sehr, wer er wäre oder von wo er käme, und er (der Pilger) sprach: Ich komme von da, und weiter wollte er ihm nichts mehr sagen.

Und er (Bruder Klaus) stand vor ihm und sah ihn an. Da hatte er sich verwandelt und liess sich sehen mit unbedecktem Haupt und hatte einen Rock an, der war blau- oder graufarben, doch sah er den Mantel nicht mehr, und war ein so adeliger, wohlgeschaffener Mensch, dass er nicht anders konnte, als ihn mit Lust und Verlangen anzuschauen. Sein Antlitz war braun, so dass es ihm eine edle Zierde gab. Seine Augen waren schwarz wie der Magnet, seine Glieder waren so wohlgeschaffen, dass dies eine besondere Schönheit an ihm war. Obwohl er in seinen Kleidern steckte, so hinderten ihn seine Kleider nicht, seine Glieder zu sehen.

Wie (Bruder Klaus) ihn so unverdrossen ansah, richtete er (der Pilger) seine Augen auf ihn. Da erschienen viele grosse Wunder: Der Pilatusberg ging nieder auf das Erdreich, und es öffnete sich die ganze Welt, dass ihm deuchte, es wäre alle Sünde offenbar, die in der Welt wäre, und es erschien eine grosse Menge von Leuten, und hinter den Leuten erschien die Wahrheit, und alle hatten ihr Antlitz von der Wahrheit abgewendet. Und allen erschien am Herzen ein grosses Gebresten, wie zwei Fäuste zusammen. Und dieses Gebresten war Eigennutz, der irrt (verführt) die Leute so sehr, dass sie des Mannes Antlitz nicht zu ertragen vermochten, sowenig der Mensch Feuerflammen ertragen mag, und vor grimmer Angst fuhren sie umher und fuhren zurück, fort mit grossem Schimpf und Schande, so dass er sie von weitem hinfahren sah. Und die Wahrheit, die hinter ihrem Rücken erschien, die blieb da.

Und sein Antlitz verwandelte sich einer Veronika gleich (Gesicht Christi auf ihrem Schweisstuch), und er (Bruder Klaus) hatte ein grosses Verlangen, ihn mehr zu schauen. Und er sah ihn wiederum, wie er ihn vorher gesehen hatte, aber seine Kleider waren verwandelt und (er) stand vor ihm und war mit einer Bärenhaut bekleidet, mit Hose und Rock. Die Bärenhaut war besprengt mit einer Goldfarbe. Aber er sah und erkannte wohl, dass es eine Bärenhaut war. Die Bärenhaut zierte ihn besonders gut, so dass der Mensch sah und erkannte, dass es eine besondere Zierde an ihm war.

Und wie er vor ihm stand und sich sehen liess so adelig in der Bärenhaut, da erkannte er (Bruder Klaus), dass er von ihm Abschied nehmen wollte. Er sprach zu ihm: «Wo willst du hin?» Er sprach: «Ich will das Land hinauf.» Und weiter wollte er ihm nichts sagen. Und als er von ihm schied, sah er ihm unverdrossen nach. Da sah er, dass die Bärenhaut an ihm glänzte, minder oder mehr, wie einer, der mit einer wohlgefegten Waffe hantiert und deren Gleissen man an der Wand sehen kann. Und er dachte, es wäre etwas, das vor ihm verborgen wäre. Und da er (der Pilger) von ihm weg war, vier Schritte oder beiläufig, da kehrte er sich um und hatte den Hut wieder auf, zog ihn ab und neigte sich gegen ihn und verabschiedete sich von ihm. Da erkannte er an ihm eine solche Liebe, die er zu ihm trug, dass er ganz in sich geschlagen wurde und bekannte, dass er diese Liebe nicht verdiente, dass die Liebe in ihm war. Und er sah in seinem Geist, dass sein Antlitz und seine Augen und sein ganzer Leib so voll minnereicher Demut war wie ein Gefäss, das zugefüllt ist mit Honig, so dass kein Tropfen mehr darein mag. Da sah er ihn (den Pilger) weiterhin nicht mehr. Aber er war so gesättigt von ihm, dass er nichts mehr von ihm begehrte. Es schien ihm, er hätte ihm kundgetan alles, was im Himmel und auf Erden war.

Drei Aspekte des Wesens Jesu

Schon in der Brunnenvision faszinierten uns die elementaren, holzschnittartigen Bilder, die sich dem Gedächtnis unauslöschlich einprägen. Die Vision vom Pilger in der Bärenhaut ist in sich noch vielschichtiger und in ihrem Entwurf von atemberaubender Kühnheit! Wie sich auf dem Berg der Verklärung Jesus vor den Augen der Jünger verwandelt, schreitet diese Vision von einer Transformation Jesu zur nächsten. Zuerst erscheint er als Pilger in der herkömmlichen Gewandung mit Hut und Stock. Dann wird er zu einem wohlgestalten Edelmann mit adligem Aussehen und entsprechender Kleidung, der für die Wahrheit steht. Dann verwandelt sich für einen Moment das Gesicht des Pilger-Gottes in das Schmerzensbild Jesu auf dem Weg zur Kreuzigung, und zum Schluss wird er wieder zum Pilger mit Hose und Rock, diesmal aber trägt er gut sichtbar eine mit Gold gesprenkelte Bärenhaut. Wie zu Beginn der Vision zieht er abermals den Hut vor Klaus, bevor er «das Land hinauf» geht.

Wenn etwas die Realität einer originalen, hautnahen Gotteserfahrung im Leben von Klaus illustrieren kann, dann diese Abfolge wechselnder Erscheinungsweisen Jesu. Es ist eines, an die Menschwerdung Jesu zu glauben, von der in den Evangelien berichtet wird, aber es ist nochmals etwas völlig anderes, seine Menschwerdung in solch aktuelle Bilder zu übersetzen, die den Geruch des ganz Alltäglichen haben. Fern von aller falschen Pietät bringt Klaus hier Gottesbilder zum Leben, die die gängigen Klischees weit hinter sich lassen. Erst im 20. Jahrhundert beginnt man, über eine solch revolutionäre Menschlichkeit Gottes überhaupt nachzudenken und sie ins Bild zu setzen.

Beispiele: Der Toggenburger Maler Willy Fries mit seinem Passionszyklus, der in der Schweiz keine Aufnahme fand, oder Adrian Plass in seiner Erzählung «Der Besuch». Allgemein liesse sich diese Vision vom Pilger in der Bärenhaut im Jesus-Wort von Johannes 14,6 zusammenfassen: *«Ich bin der Weg, die Wahrheit und das Leben.»* Genau diese drei Aspekte des Wesens Jesu werden in unserer Vision geschildert: Gott als Pilger, der immer unterwegs ist. Gott als die Wahrheit, die sich niemals aufdrängt, aber unbeirrt durch alle Zeiten hindurch unter uns gegenwärtig ist. Und Gott als der Menschensohn, der sich unsere (Bären-)Haut zu eigen macht und uns damit die Gabe ewigen Lebens zurückbringt.

Der Weg

Jesus verstand sich als der Weg, als die Türe, die zum Vater führt. Aber dieses Weg-Sein ist noch viel grundsätzlicher und umfassender. Nicht umsonst steht es im Johanneswort an erster Stelle. Gott ist per Definition Bewegung, im Gegensatz zu allen statischen Gottesbildern. Die ganze Schöpfung als Spiegel des Wesens Gottes ist auf (Fort-)Bewegung hin angelegt. Darum erscheint Gott in unserer Vision im Urbild des Pilgers, des Wanderers schlechthin, der immerzu aufbricht und weitergeht: «Der da war, der da ist und der da kommt.» Deshalb mündet das Wort Gottes an den Menschen immer wieder in die eine Aufforderung: Geh! *«Steh auf, nimm dein Bett und geh!»*

(Johannes 5,8). «*Gehet hin und machet alle Völker zu Jüngern!*» (Matthäus 28,19).

Auch seinen Erstgeborenen unter den Völkern, Israel, nimmt er mit auf einen Weg durch die Menschheitsgeschichte. Silja Walter, die 2011 verstorbene Nonne und Dichterin vom Kloster Fahr bei Zürich, unterscheidet in ihrem Buch «Die Schleuse oder Abteien aus Glas» zwischen denen, die aufbrechen, und den «Hockern», die sich einem Unterwegssein mit einem Pilger-Gott aus Bequemlichkeit verschliessen. Wobei man wie Klaus zwanzig Jahre in einer Zelle sein und innerlich grössere Wege zurücklegen kann als ein Jakobspilger, der auf dem Weg nach Santiago di Compostela ist.

Freuden- und Ja-Wort des Schöpfergottes

Unsere Vision macht jedoch auch klar: Der Pilger, der auf Klaus zukommt, unterscheidet sich in nichts von irgendwelchen anderen Pilgern. Da gilt das Wort der Kirchenväter: *vere homo* – wahrer Mensch, bis auf die Knochen, nicht durch ein paar göttliche Attribute doch noch von anderen unterschieden. Das Einzige, was Klaus – wohlverstanden in seinem Geist – erkennt, ist, dass dieser Pilger «von Sonnenaufgang oder von fern her» kommen müsse. Doch als er schliesslich vor ihm steht, da bricht das Göttliche aus ihm heraus wie ein Sturzbach! Er singt über Klaus das Freuden- und Ja-Wort des Schöpfergottes über allem Geschaffenen: Alleluja! Und Himmel und Erde kommen in Bewegung und werfen es wie in einem gewaltigen Echo zurück: Alleluja!

Aber nicht nur Himmel und Erde geben Antwort. «Aus einem Ursprung», tiefer als alles Sein, hört Klaus drei vollkommene Worte hervorkommen. Es sind die Namen, die bei der Taufe über jedem Menschen genannt werden. Keines dieser Worte berührt das andere, und doch sind sie vollkommen eins. Klaus dünkt es, als würde eine starke Feder vorschiessen, die diese Worte – kaum gesprochen – wieder in ihrem Geheimnis zuschliesst.

Doch was jetzt geschieht, bringt Klaus vollends aus der Fassung. Das Alleluja, gesungen im Chor mit Himmel und Erde, und die drei vollkommenen Worte können dem Göttlichen zugeordnet werden. Doch wie soll er verstehen, dass ihn der Pilger um eine Gabe bittet!? Dass er gleich einem Bettler seinen Hut zieht, um diese Gabe darin zu empfangen, und Klaus selber – in seiner Verwirrung – plötzlich einen Pfennig in seiner Hand spürt, von dem er nicht weiss, wie er dorthin gelangt ist. Und als er diesen Pfennig dem Fremden in den Hut legt, da empfindet er dabei ein Gefühl tiefer Ehrfurcht und Heiligkeit.

Der Schöpfer begegnet seinem Geschöpf als ein Bedürftiger, der sich mit einem blossen Pfennig, den er ihm zuvor leiht, zufriedengibt. Kein Wunder, dass Klaus in den Pilger dringt, um mehr zu erfahren. Was ist das für ein Gott, der über dem Menschen sein bedingungsloses Alleluja singen kann? Vor allem, der ihm nicht von oben, sondern von unten in der Haltung eines Bittenden begegnet, so als hätte ihm sein Geschöpf irgendetwas zu geben! Auch das gehört zum Geheimnis jenes Urgrunds, das aller falschen Neugierde für immer verborgen bleibt.

Die Wahrheit

Vor Klaus erscheint nun plötzlich die Gestalt eines Edelmannes. In seinem Geist weiss er: Es ist die Wahrheit. Die Transformation dieses abstrakten Begriffs zu einer Person aus Fleisch und Blut nimmt Klaus völlig gefangen. Es ist vor allem die Schönheit des vollkommenen Körperbaus, der trotz der Kleider sichtbar ist. Aber auch das braun gebrannte Gesicht und die tiefschwarzen Augen prägen diesen Eindruck von Schönheit mit. Klaus kann gar nicht anders, als die Wahrheit «mit spürbarer Lust und Verlangen anzuschauen». Doch in dem Moment, wo sich die Augen der Wahrheit mit den Augen von Klaus treffen, beginnt sich ein episches Drama zu entfalten. Der Pilatusberg, der bisher das Bild von einer heilen Welt wie zusammenhielt, verschwindet im Boden, und die ganze Sünde der Welt wird in einem Moment sichtbar.

Hinter den vielen Menschen, die jetzt die Bühne betreten, erscheint die Wahrheit, doch sie haben alle ihr Antlitz von ihr abgewendet. Nun wird offenbar: Jeder trägt an seinem Herzen ein grosses Geschwür, genannt Eigennutz. Deswegen können sie der Wahrheit nicht ins Gesicht schauen, «sowenig der Mensch Feuerflammen ertragen mag». Panik bricht aus, und Klaus sieht sie ziel- und haltlos dahinfahren. Doch die Wahrheit, der sie den Rücken zugewandt haben, bleibt unverrückt stehen.

Wahrheit, die Schönheit ist
Wieder staunen wir über die Kühnheit, mit der hier die Wahrheit personifiziert wird. Vordergründig verbindet sich mit dem Begriff Wahrheit immer etwas Moralisches, das im Gegensatz steht zu Unwahrheit, Verdrehung oder Lüge. Bei Klaus hingegen ist Wahrheit zuerst mit Schönheit verbunden, mit etwas absolut Anziehendem, Beglückendem, Edlem. Es ist das Wohlgeformte, die Faszination einer vollkommenen Ordnung und Stimmigkeit, die ausstrahlt. Deshalb hat Wahrheit absolut nichts zu tun mit Scham. Die Kleider dieses Edelmannes geben den Blick frei auf seinen

wohlgebauten Körper und die Gliedmassen. Schon Jesus hat gesagt, dass uns die Wahrheit frei macht (Johannes 8,32). Darum ist Beichte ein edles Geschäft, das keine Verschämtheit duldet.

Heute ist die Frage des Pilatus an Jesus wieder allgegenwärtig: Was ist Wahrheit? Wir haben sie in unserer Gesellschaft schon längst nicht mehr schwarz auf weiss. Doch die Wahrheit als Person steht jederzeit unverrückt bis an das Ende der Zeit unter uns. Die Frage lautet: Wenden wir ihr das Gesicht oder den Rücken zu, das heisst, suchen wir in allen offenen Fragen mit ihr den Augenkontakt, so wie Klaus, der sich nicht an ihr sattsehen konnte? Nicht jene Wahrheit, die wir uns zurechtlegen, weil sie uns nützt, sondern eine Wahrheit, die Teil ist einer in sich schlüssigen, ewigen Ordnung. Die sich nicht zu verstecken braucht, sondern wie ein Bergsee bis zum Grund einsehbar ist? Wahrheit, die wieder Reinheit, Schönheit, Adel und Attraktivität, kurz: wahre Menschlichkeit wird.

Schon Dietrich Bonhoeffer hat in einer Zeit, in der Wahrheit mit Macht und Lautstärke gleichgesetzt wurde, in seiner Gefängniszelle den charakterlichen Adel künftiger Generationen eingefordert und durch seinen Tod am Galgen – wie viele andere vor und nach ihm – dieser Wahrheit

Bahn gebrochen. Auch unser Heiliger, der schon im Mutterleib sein Leben unter dem Zeichen eines hellen Sterns gesehen hat, ist für alle Zeiten zum Zeugen der Wahrheit geworden.

Das Leben

Nur für ganz kurze Zeit wendet das Leben sein Gesicht Klaus zu. Es ist «einer Veronika gleich» – das Gesicht von Schweiss, Blut und Tränen, welches sich der Überlieferung nach auf dem Weg zur Schädelstätte in ihr Schweisstuch einprägte. Merkwürdig, nicht wie zu erwarten jener bekannte Duft von Wellness, Entspannung, der einem beim Eintritt in solche Gesundheitsbereiche entgegenschlägt, sondern das genaue Gegenteil! Es hat damit zu tun, dass er das Leben wirklich *ist*. Er ist die Quelle des Lebens überhaupt, aus der alles Leben geboren wird. Wenn wir in das Gesicht einer Gebärenden schauen, dann ist dasselbe oft auch «einer Veronika gleich»: angespannt, verzerrt oder von Schweiss und Tränen gezeichnet. Dies ist der Weg, wie Leben zur Welt kommt.

Der Weg Jesu hinauf nach Golgatha führte ihn letztlich zum Geburtsplatz einer neuen Menschheit. Deshalb der Schrei des Gekreuzigten: Es ist vollbracht! Es ist bezeichnend, dass Klaus in der Vision «ein grosses Verlangen» hatte, ihn, das heisst das Gesicht dessen, der das Leben ist, zu sehen. Über viele Jahre, in denen seine Seele durch eine tiefe Nacht ging, hatte er immer wieder dieses Gesicht gesucht, bis er aus den täglichen Meditationen der Passionsgeschichte zu einem neuen Leben geboren wurde.

Einer von uns

Doch schon sieht er den Pilger wieder vor sich stehen, in Hose und Rock und bekleidet mit einer Bärenhaut. Diese war mit einer Goldfarbe besprengt und stand ihm ganz besonders gut zu Gesicht. Das Glänzen dieser Bärenhaut erinnerte Klaus an die Zeit, als er in seinem Haus noch mit einer wohlgefegten Waffe hantierte und sich deren Gleissen an der Wand spiegelte. Klaus ist fasziniert von dieser Bärenhaut, und er denkt, da müsste doch etwas sein, was vor ihm verborgen wäre. Doch als der Pilger sich beim Weggehen nochmals nach ihm umdreht, einige Schritte auf ihn zu macht, um seinen Hut vor ihm zu ziehen und sich gleichzeitig gegen ihn zu neigen, da überwältigt ihn die grenzenlose Liebe, die der Pilger für ihn hat, und er fühlt sich wie erschlagen. Er erkennt: Er trägt meine Haut! Er ist wirklich einer von uns. Mein Menschsein trennt mich nicht nur nicht von ihm; er selber ist Mensch geworden, auch wenn seine Bärenhaut mit Gold gesprenkelt ist. Ich bin total verstanden, angenommen. Er ist Teil von uns, und wir sind Teil von ihm, ohne dass er aufhört, Gott zu sein, so wie wir seine Geschöpfe bleiben.

Die Vision mündet in eine umfassende Erkenntnis, die Klaus in seinem Geist empfängt: Dass des Pilgers «Antlitz, seine Augen und sein ganzer Leib so voll minnereicher Demut war wie ein Gefäss, das zugefüllt ist mit Honig, so dass kein Tropfen mehr darein mag». Und obwohl er den Pilger nicht mehr sieht, der bereits wieder unterwegs ist, «das Land hinauf», fühlt er sich «so gesättigt von ihm, dass er nichts mehr von ihm begehrte. Es schien ihm, er hätte ihm kundgetan alles, was im Himmel und auf Erden war».

Umfassender, inniger kann Liebe nicht beschrieben werden, als es hier geschieht. Da leuchtet ihr wahres Wesen auf: die Ewigkeit. Sie ist die innerste Mitte, die alles zusammenhält: die Gottheit der drei vollkommenen Worte, wie auch das ganze Universum. Sie ist der Mittelpunkt des Rades. Von ihr geht die suchende und rettende Liebe aus. Zu ihr kehrt die Antwort der Schöpfung und des Menschen zurück. Diese Liebe allein sättigt uns in unseren Fragen und Zweifeln. Nicht, dass wir jetzt alles wüssten; aber unser Innerstes ist von dieser «minnereichen Demut» so berührt, als würden uns Himmel und Erde wie einen Schwamm völlig erfüllen.

3. Die Vision von der dreifachen Danksagung

Ein Mensch unterbrach den Schlaf um Gottes und seines Leidens willen, und er dankte Gott für sein Leiden und seine Marter. Und Gott gab ihm Gnade, so dass er Unterhaltung und Freude darin fand. Hierauf legte er sich zur Ruhe. Und als seine Vernunft in Fesseln geschlagen war und er doch meinte, dass er noch nicht eingeschlafen wäre, schien es ihm, als ob einer zur Tür hereinkäme, mitten im Haus stünde und ihm mit kräftiger Stimme riefe, wie er denn hiess, und sprach: «Komm und sieh deinen Vater, und schau, was er macht!» Und es schien ihm, als käme er schnell an eines Bogens Ziel (das ist auf Pfeilschussweite) in ein schönes Zelt in einen weiten Saal. Da sah er einige Leute darin wohnen, und er war bei ihm, der ihn gerufen hatte, und stand an seiner Seite und führte für ihn das Wort und sprach: «Dieser ist derjenige, der dir deinen Sohn gehoben und getragen hat und ihm zu Hilfe gekommen ist in seiner Angst und Not. Danke ihm dafür und sei ihm dankbar.» Da kam ein schöner, stattlicher Mann durch den Palast gegangen mit einer glänzenden Farbe in seinem Angesicht und in einem weissen Kleide wie ein Priester in einer Albe. Und er legte ihm seine beiden Arme auf seine Achseln und drückte ihn an sich und dankte ihm mit einer ganzen inbrünstigen Liebe seines Herzens, dass er seinem Sohn also wohl zustatten gekommen und zu Hilfe in seiner Not. Und derselbe Mensch wurde in sich selber geschlagen und erschrak sehr darob und bekannte sich selber unwürdig und sprach: «Ich weiss nicht, dass ich deinem Sohn je einen Dienst erwiesen habe.» Da verliess er ihn und sah ihn fürderhin nicht mehr.

Und da kam eine schöne, stattliche Frau durch den Palast gegangen, auch in einem solchen weissen Kleid. Und er sah wohl, dass ihnen das weisse Kleid ganz neu gewaschen anstand. Und sie legte ihm ihre beiden Arme auf seine beiden Achseln und drückte ihn gründlich an ihr Herz mit einer überfliessenden Liebe, dass er ihrem Sohn so getreulich zustatten gekommen in seiner Not. Und der Mensch erschrak darüber und sprach: «Ich weiss nicht, dass ich eurem Sohn je einen Dienst getan hab', ausser dass ich herkam, um zu sehen, was ihr tätet.» Da schied sie von ihm, und er sah sie fürderhin nicht mehr.

Da blickte er neben sich. Da sah er den Sohn neben sich sitzen in einem Sessel und sah, dass er auch ein solches Kleid anhatte; es war besprengt mit Rot, als ob einer mit einem Wedel darauf gesprengt hätte. Und der Sohn neigte sich gegen ihn und dankte ihm inniglich, dass er ihm auch so wohl zustatten gekommen in seinen Nöten. Da blickte er an sich selbst hernieder. Da sah er, dass er auch ein weisses Kleid an sich trug und besprengt mit Rot wie der Sohn. Das verwunderte ihn sehr, und er wusste nicht, dass er es angehabt hatte. Und schnell auf einmal fand er sich selber an der Statt, wo er sich niedergelegt hatte, so dass er nicht meinte, dass er geschlafen hätte.

Ungewohnte Gedanken

Diese Vision gibt uns die meisten Fragen auf. Der Kirchenhistoriker Prof. Fritz Blanke hat sie ausführlich kommentiert. Er spricht von einer «ketzerischen Verirrung», ja sogar davon, dass sich hier «katholischer und heidnischer Gottesglaube überkreuzen». Dabei spielt er auf die – wie er sagt – offensichtliche Gleichstellung von Maria, der «Gottmutter», also der Gattin von Gottvater, an; aber auch auf die Gleichsetzung von Klaus mit Christus selber, da beide dasselbe blutbefleckte Kleid tragen. Wir wissen, dass Klaus über Jahre in den sieben kanonischen Gebetszeiten das Leiden Christi meditiert hat. Als Frucht dieses Gehorsams fand er im Nachsinnen darüber «Unterhaltung und Freude», wie es ja auch in der Brunnenvision ausgesagt wird. Und am Ende dieses Weges stand die Heilung von seinem schweren Gemütsleiden, das ihn in jener Zeit der inneren Kämpfe im Griff hatte. Folgerichtig datiert Blanke diese Vision auch in diese Kampfzeit im

Flüeli, bevor Klaus den Bruch mit seiner Familie vollzog und in den Eremitenstand eintrat.

Diese These von Blanke macht durchaus Sinn. Das Nebeneinander von priesterlichem Gebetsdienst in den Tages- und Nachtstunden und gleichzeitig dem Tagwerk als Bauer war – wie früher schon erwähnt – eine übermenschliche Herausforderung. Auch wenn Klaus später sein Tagewerk reduzierte: Unter dem Strich blieb dieser Spagat ein Opfer, das bei Klaus Spuren hinterliess. So mochte er seine Eigenen zu Hause kaum mehr ertragen. Zu viel ist zu viel!

In diese Situation hinein könnte die Vision von der dreifachen Danksagung durchaus Sinn ergeben. Hat nicht Gott selber seine Erwählten in Extremsituationen durch Boten vom Himmel immer wieder gestärkt!? Was brauchte Klaus damals mehr als den Zuspruch des dreieinigen Gottes. So steht plötzlich der Bote (der heilige Geist) mitten in seinem Haus und ruft ihn, mit ihm herüberzukommen, um dort zu hören und in der göttlichen Umarmung zu erfahren: Wir sehen mit Wohlgefallen, was du machst. Es bewegt unser Herz zutiefst. Empfange unseren innigsten Dank und unsere Liebe! Und es ist ebenso einleuchtend und klar, dass Klaus darauf mit Verwirrung und Unverständnis reagiert. Woher hätte er wissen sollen, dass diese kanonischen Gebete, die er im Gehorsam wieder und wieder sprach, für den Himmel so bedeutsam waren!

«Komm und sieh deinen Vater!»

Trotzdem fällt es mir schwer, in dieser Vision eine ketzerische Schlagseite zu sehen, die aus dem Unterbewussten von Klaus aufgestiegen sein könnte. Ja, das sind ungewohnte Gedanken. Aber das Ganze ist im Grunde so geerdet, wie wir es von den übrigen Visionen von Klaus gewohnt sind. Schon der Befehl des Boten weist in eine andere Richtung: «Komm und sieh deinen Vater, und schau, was er macht!» Dieser Satz trifft doch mitten ins Herz des Evangeliums. Dazu ist Jesus erschienen, um uns seinen und unseren Vater zu offenbaren. Deshalb sagt er jenem suchenden, unruhigen Nathanael: «Komm und sieh!» Bei Klaus fügt der Bote an: «... und schau, was er macht!» Im Handeln, in den Reaktionen und den dahinter liegenden Motiven erkennen wir, wer der Vater ist und wie er's uns gegenüber wirklich meint.

So erfährt Klaus in dieser Vision eine unfassbare, überwältigende Liebe und Dankesbezeugung Gottes, und zwar sowohl vonseiten des Vaters wie auch des Sohnes. Der Vater legt seine Arme um ihn und drückt ihn «mit inbrünstiger Liebe» an sich; der neben ihm sitzende Sohn neigt sich ihm zu und dankt ihm ebenfalls «inniglich». Dass auch Maria erscheint, um ihn «mit überfliessender Liebe» an ihr Herz zu drücken, leuchtet in diesem Zusammenhang durchaus ein, zumal Klaus ein gläubiger Katholik war. Sie hat Jesus das Leben gegeben, und sie war es auch, der dieses Sohnes wegen ein Schwert durch die Seele drang und die unter dem Kreuz seine Schmerzen mitlitt. Das heisst: Da, wo die Rede ist von denen, die Anteil hatten am Leiden Jesu und ihm darin Beistand leisteten, da dürfen und können wir Maria nicht übergehen. In ihrem Magnifikat sagte sie schon durch den Geist, dass «von jetzt an alle Geschlechter sie seligpreisen werden».

Dass Maria ein weisses Kleid trägt, wie der Vater, macht sie nicht Gott-gleich. Im Himmel tragen alle weisse Kleider, wie die Engelserscheinungen zeigen. Vom Vater dagegen wird ausdrücklich erwähnt, dass er «eine glänzende Farbe in seinem Angesicht» hatte. Gedacht ist hier an jenes Glänzen, das die Jünger auf dem Angesicht Jesu sahen, als er vor ihren Augen verklärt wurde: *«... und sein Angesicht leuchtete wie die Sonne»* (Matthäus 17,2). Übrigens, wie geerdet auch diese Erscheinungen im Palast des Vaters sind, zeigt die Beobachtung von Klaus, «dass ihnen das weisse Kleid ganz neu gewaschen anstand». Da ist keine Spur von dogmatischer Überlegung oder Folgerichtigkeit! Die weissen Kleider vom Vater und von Maria präsentieren sich duftend und herrlich frisch, eben wie neu gewaschen (als ob es im Himmel eine Wäscherei gäbe!).

Auf dem festen Boden des Evangeliums

Bleibt noch die angebliche Gleichsetzung von Christus und Klaus. Ja, die beiden sitzen nebeneinander, und beide haben sie dasselbe, blutbefleckte Kleid an. Klaus selber ist am meisten darüber verwundert, konnte er sich doch nicht erinnern, dass er es angehabt hatte. Doch ein Blick in das Neue Testament genügt, damit sich der Nebel auch über dieser Frage lichtet: So gewiss Jesus zur Rechten seines Vaters sitzt, so gewiss ist uns verheissen, dass uns «Sitz gegeben ist in der Himmelswelt durch Christus Jesus» (Epheser 2,6). Auch im Sendschreiben an Laodicea wird denen, die überwunden haben, verliehen, mit ihm auf seinem Thron zu sitzen, *«wie auch ich überwunden und mich mit meinem Vater auf seinen Thron gesetzt habe»* (Offenbarung 3,21).

Natürlich stehen unsere Leiden um Jesu oder um des Evangeliums willen in keinem Vergleich zu den Leiden Jesu. Was Jesus erduldete, ist mehr als nur ein paar Blutflecken auf seinem irdischen Kleid! Er trug die Sünde der Welt und *vergoss* dafür sein Blut. Wir sind – auch in unserem Leiden und allenfalls Sterben um des Evangeliums willen – lediglich Zeugen dieser unfassbaren Liebeshingabe Gottes. Nicht wir, sondern Jesus selber stellt sich in seiner Menschwerdung auf unsere Stufe! Noch mehr: Er lässt uns teilhaben an seinen Leiden. Im eucharistischen Brot und Wein essen wir sein Fleisch und trinken sein Blut (Johannes 6,51–59).

Im Brief an die Philipper gibt Paulus seiner tiefen Sehnsucht nach dieser Gemeinschaft mit den Leiden Christi Ausdruck, und er wünscht sich, seinem Tod gleichgestaltet zu werden (Philipper 3,10). Im Galaterbrief spricht er sogar davon, dass er «die Malzeichen Jesu an seinem Leibe» trage (6,17). Ob er damit die Stigmata (Wundmale Jesu) meint, wie sie später Franz von Assisi und anderen Ausnahmegestalten der Kirchengeschichte zuteil wurden, wissen wir nicht. Aber eines ist klar: Auch in diesem letzten Teil der Vision stehen wir auf dem festem Boden des Evangeliums!

Eine Herausforderung für westliche Nichtkatholiken

Die grösste Herausforderung für westliche, nichtkatholische Christen bleibt der Mittelteil: das Erscheinen der Mutter Gottes, die im Himmel offenbar einen herausragenden Platz einnimmt.

Wir wissen, wie Jesus seine Eltern geehrt und sich ihnen im Gehorsam untergeordnet hat. Doch als sein öffentlicher Dienst begann, hat er seine Forderung an die Jünger auch in seinem eigenen Leben umgesetzt: *«Wenn jemand zu mir kommt und nicht seinen Vater und seine Mutter und sein Weib und seine Kinder und seine Brüder und seine Schwestern und dazu auch sein Leben hasst, kann er nicht mein Jünger sein»* (Lukas 14,26).

Nach seiner Jordantaufe war er einzig und allein seinem Vater im Himmel verpflichtet. Als zu Beginn seiner Wirksamkeit seine Familie kam, um ihn mitten aus seinem Dienst zu sich nach draussen zu rufen, da hat sich Jesus vor versammeltem Volk ohne Zögern gegen seine Mutter und Geschwister abgegrenzt: «Wer sind meine Mutter und meine Brüder?» Und indem er ringsumher die um ihn Sitzenden ansieht, sagt er: *«Siehe, das sind meine Mutter und meine Brüder. Wer den Willen Gottes tut, der ist mir Bruder und Schwester und Mutter»* (Markus 3,35). Sogar am Kreuz, wo wir Jesu Mutter wiederfinden, nennt er sie «Frau» und nicht Mutter, aber er überträgt ihr an seiner Stelle die Mutterschaft für den Jünger, von dem es immer wieder heisst, dass er ihn lieb hatte: *«Frau, siehe dein Sohn!»* Hierauf sagt er zum Jünger: *«Siehe, deine Mutter!»* (Johannes 19,26–27).

Diese Tatsache betrifft jedoch lediglich die Zeit, in der es Jesu einziges und höchstes Anliegen war, seinen Vater im Himmel zu verherrlichen und das Werk zu vollenden, das er ihm gegeben hatte (Johannes 17,4). Doch der Vater ist ein Belohner. Was wir gesät haben, werden wir einmal ernten, sei es auf dieser Erde oder im zukünftigen Leben. Wie viel mehr gilt das auch für Maria. Möglich, dass für uns skeptische Evangelische oder Reformierte jenes Wort aus dem Gleichnis von den Arbeitern im Weinberg zutreffen könnte: *«Steht es mir nicht frei, mit dem Meinigen zu tun, was ich will? Oder ist dein Auge neidisch, weil ich gütig bin?»* (Matthäus 20,15).

Der Vater ist grösser

Es ist keine Frage: Diese treue Magd Gottes ist für ihre bedingungslose Hingabe an den Willen Gottes im Himmel gekrönt worden mit einer besonderen Gnade und Barmherzigkeit. Ob daraus der Schluss gezogen werden kann, dass sie jetzt «Himmelkönigin» ist, geht auf das Konto dogmatischer Spitzfindigkeit. Selbst Jesus – der König der Könige – sagte von sich, dass der Vater grösser sei als er, und am Ende der Zeiten wird er *«sich dem unterwerfen, der ihm alles unterworfen hat, damit Gott alles in allem sei»* (1. Korinther 15,28).

Ob nicht gerade diese Vision für uns Nicht-Katholiken ein Anstoss sein könnte, unser in der Regel eher distanziertes, um nicht zu sagen «verkorkstes» Verhältnis zur Mutter Jesu zu überdenken? Spielt da nicht auch eine konfessionell bedingte Verkrampfung hinein, die nach Entspannung ruft, sodass wir die stattliche Frau im weissen Kleid, das ihr «wie neu gewaschen anstand», mit anderen, vielleicht dankbareren Augen anschauen könnten? Ja, dass wir uns – horribile dictu – sogar vorstellen könnten, selber von ihr umarmt zu werden? Und könnte dies vielleicht nicht bei unseren katholischen Geschwistern, die «ihrer» Maria durch alle Böden hindurch zum Recht verhelfen müssen, dazu beitragen, in der aus dem Ruder gelaufenen Mariologie etwas gelassener zu werden!?

Zuerst und ausnahmslos gilt doch jenseits unserer Glaubenstraditionen für alle derselbe Ruf: «Komm und sieh den Vater!» Nicht Maria – der Vater mit dem von Liebe und Erbarmen glänzenden Gesicht tritt Klaus und damit auch uns als Erster entgegen. Dass dann Maria erscheint, ist nichts als folgerichtig. Bruder Klaus hatte zu «Unserer lieben Fraue», wie Maria genannt wurde, eine Herzensbeziehung, ohne dass er diese ständig auf den Lippen trug. So beginnen die von Klaus erhaltenen Briefe mit der Eingangsformel: «Der Name

Jesu(s) sei euer Gruss». Klaus war zu sehr im Geheimnis der heiligen Dreieinigkeit gewurzelt und gegründet, als dass sich da Prioritäten hätten verschieben können. Dies ist nicht zuletzt der Grund, weshalb Klaus zutiefst ein ökumenischer Heiliger ist, der zu Recht allen Kirchen, Gemeinschaften und Fraktionen des weltweiten Leibes Christi den Segensgruss entbietet: Der Name Jesus sei euer Gruss!

Dankbezeugung des Himmels

Doch wollen wir nach diesem Exkurs nochmals zurückkehren zur Kernaussage dieser Vision: Dass Gott denen, die ihn lieben und ihr Leben seinem Willen unterordnen, in einer Weise dafür dankt, die uns buchstäblich erschlägt! Das wissen alle, die je ein echtes prophetisches Wort, ihr Leben betreffend, empfangen haben. Wir selber meinen doch, die Tiefen unserer Herzen und Motive zu Genüge zu kennen. Wir wissen, wie unvollkommen, mangelhaft und inadäquat unser Bemühen für Gott und sein Reich ist. Und dass uns ausgerechnet Gott, vor dem wir wie ein aufgeschlagenes Buch sind, mit einer solch überschwänglichen Leidenschaft und Begeisterung dankt für die paar Brosamen und Krümel unseres guten Willens und uns mit seiner Liebe und Zärtlichkeit geradezu überschüttet – wer kann das verstehen?

Da brechen in uns tiefe Gefühle von Abwehr und Unwürdigkeit auf, wie damals bei Petrus, der Jesus eine kleine Gefälligkeit erwiesen hatte und dafür auf das Wort Jesu hin einen Fischfang tat, der das Schiff beinahe zum Sinken brachte. Petrus ist von dieser Grosszügigkeit so überwältigt, dass er auf seine Knie fällt und ausruft: *«Geh von mir hinaus, denn ich bin ein sündiger Mensch, o Herr! Denn Schrecken umfing ihn und alle, die bei ihm waren, wegen des Fischfanges ...»* (Lukas 5,8–9). So ähnlich reagiert auch Klaus, von dem es heisst: «Er wurde in sich selber geschlagen und erschrak sehr darob und bekannte sich selber unwürdig und sprach: Ich weiss nicht, dass ich deinem Sohn je einen Dienst erwiesen habe.» Mit derselben Verwunderung werden einmal die Gerechten im grossen Völkergericht reagieren: *«Wann sahen wir dich hungrig und haben dich gespeist? Oder durstig und haben dich getränkt? Wann sahen wir dich als Fremden und haben dich beherbergt? Oder nackt und haben dich bekleidet? Wann sahen wir dich krank oder im Gefängnis und sind zu dir gekommen?»* (Matthäus 25,37–39).

Gott ist für uns!

Diese Tatsache rüttelt einmal mehr an unserem Gottesbild. In der Regel fürchten wir uns doch eher vor dem Ärger oder der Unzufriedenheit Gottes. Doch haben wir uns im Ernst schon einmal überlegt, dass es auch einen Schrecken und eine tiefe Gottesfurcht darüber geben könnte, dass Gott uns so ganz anders sieht, als wir uns sehen – nämlich absolut positiv!? Dass wir – vielleicht zum ersten Mal – erschrecken darüber, dass Gott wirklich *für uns* ist und nicht gegen uns!

Ja, Busse und Weinen soll sein über unsere Sünde, aber persönlich habe ich weit mehr Tränen vergossen, weil ich es immer noch nicht fassen kann, dass Gott mir gegenüber so barmherzig, gnädig, entgegenkommend, wohlwollend, annehmend, tröstend und ermutigend ist. Diese unerklärliche Liebe erschlägt einen buchstäblich! Oft wagen wir es gar nicht, sie überhaupt nur zu denken. Wo bleibt denn da Gottes Heiligkeit? Ist das am Ende nicht jene «billige Gnade», vor der wir (nicht ohne Grund!) lange genug gewarnt haben? Stellt eine solche Liebe nicht einen Freipass für Beliebigkeit dar? Alles Fragen, die schon dem Apostel Paulus entgegengehalten wurden, als judaistische Christen das Steuer wieder herumreissen wollten und Dämme gegen eine – wie sie glaubten – falsch verstandene Freiheit aufschütteten.

Bruder Klaus steht gewiss nicht im Verdacht, ein einseitiges Gottesbild zu haben, wurde ihm doch in einem Gesicht jene Gottesoffenbarung zuteil, die sein Leben damals in den Grundfesten erschütterte, sodass sein Herz in viele Stücke zersprang und er wie betäubt zu Boden stürzte. Noch lange danach hat diese Begegnung mit dem dreimal Heiligen, den niemand sehen kann, ohne zu sterben, in ihm nachgehallt. Gerade auf dem Hintergrund dieser Erfahrung gewinnt die Liebe Gottes, wie sie Klaus immer wieder besungen hat, überhaupt ihren ganzen Wert und ihre Bedeutung. In seinem Radbild steht sie vor uns, wie in Stein gemeisselt, und wir sind dankbar für den überwältigenden Parabolspiegel dieser Liebe in der Vision von der dreifachen Danksagung.

IV. MEINE VIER LICHTER
ÜBER DEM RANFT

Ich habe bewusst darauf verzichtet, die drei grossen Visionen auszudeuten oder zu sehr in Details zu gehen. Wie bereits erwähnt, sind sie prophetisches Wort, das nicht analysiert, sondern ganzheitlich verstanden sein will. Das schliesst aber nicht aus, dass sie den Einzelnen sehr persönlich und im Kontext seines Lebens treffen und abholen können. Der eine erfährt sie als Wein, wieder ein anderer als Honig oder Öl. Da geht es nicht um Richtig oder Falsch. Entscheidend ist allein, dass dieses Wort Leben in mir zeugt. Deshalb erlaube ich mir auch, hier von meiner ganz persönlichen Betroffenheit zu sprechen. Für Bruder Klaus waren damals jene vier Lichter Wegweisung und Bestätigung, dass der Ranft der Ort seiner Bestimmung sei. Ich nehme dieses Bild auf und möchte im Folgenden von «meinen vier Lichtern» sprechen, die mir den Zugang zu diesem Heiligen aufgeschlossen haben.

1. Klaus ist auch als Heiliger durch und durch Mensch

Gott selber gestattete es Klaus nicht, seine

Berufung zu einem einig Wesen mit ihm in der Fremde zu leben, sozusagen ein Heiliger im Reagenzglas zu werden, der sich ohne Bezug zu seiner Familie und seiner Vergangenheit nochmals neu erfinden sollte. Gott hat sich immer an den Menschen und seine Geschichte gebunden – auch wenn er «im Himmel» ist –, angefangen bei jenem ehemaligen Sklavenvolk der Hebräer. In der wechselvollen Geschichte der Juden hat er nie aufgehört, der Gott Israels zu sein!

Auch Jesus hat sich an den Menschen gebunden, so sehr, dass er am Kreuz unsere Sünde wurde. Er war und blieb einer «von Nazareth», von wo nach Ansicht der Frommen seiner Zeit nichts Gutes kommen konnte. Und er nahm seine Wundmale mit, zurück zu seinem Vater, und wird sie in alle Ewigkeit tragen. Auch Bruder Klaus sollte und musste ein «von Flüe» bleiben. Nur als einer von uns, dessen altes und neues Leben vor aller Augen offenliegt, wurde er zu einem Vater der Nation und zu jenem Quell von Weisheit und Trost, der hineinfliesst ins ewige Leben.

Die Tatsache, dass Klaus ohne Nahrung und Wasser lebte, verbreitete sich damals in Windeseile überallhin. Vor allem dieses Wunder begründete seinen Ruf und zog Menschen aus allen Schichten an, sodass später der Strom der Pilger nicht mehr ungehindert zu Klaus vordringen konnte. Im 15. Jahrhundert brach eine Sehnsucht nach wirklicher Gotteserfahrung auf. Es ist die Zeit der Einsiedler, Waldbrüder und Gottesfreunde, zu denen sich auch Frauen gesellten, es ist aber auch die Zeit der Vorreformatoren. Gerne spricht man in diesem Zusammenhang von Wundersucht.

Hunger nach der Realität Gottes
Dahinter stand allerdings ein Hunger nach der Realität Gottes oder des Übernatürlichen. Bruder Klaus war in diesem Sinne ein lebender Beweis dafür. Einen Mann anzufassen oder nur schon zu sehen oder sprechen zu hören, der über so viele Jahre nichts ass und trank und trotzdem in völliger Frische und geistiger Präsenz Rat und Trost erteilte, dafür lohnten sich die Strapazen und Kosten einer Pilgerfahrt oder Reise auch von Deutschland oder Italien!

Was die Leute jedoch antrafen, war nicht ein «Wunder» oder ein gespenstischer Heiliger oder Asket, sondern ein völlig normaler Mensch. Umsonst spähte man in seiner Zelle nach Essgeschirr oder irgendwelchen Spuren von Haushalt. Da gab's nichts ausser vielleicht einer Sitzgelegenheit für Besucher und im unteren Geschoss einen Ofen für die Winterzeit. Und einen Klausner, der aus seinem Zellenfensterchen den Besuchern draussen einen guten Tag wünschte oder im persönlichen Gespräch wohlwollend und freundlich auf die gestellten Fragen einging. Das «Weltwunder», von dem ich zu Beginn schrieb, fiel wie in sich selbst zusammen. Die Leute begegneten einem Menschen aus Fleisch und Blut.

Deshalb fühlen sich wirkliche Wunder, selbst Totenauferweckungen, für diejenigen, die dabei sind, letztlich wie selbstverständlich und natürlich an, weil Gott in seinem Wesen nicht religiös, sondern absolut natürlich ist. Der Beweis dafür ist Jesus. Ganz gleich ob er übers Wasser lief oder die paar Brote und Fische vermehrte, sodass sich Tausende satt essen konnten – immer war es so natürlich, dass die Jünger schon kurze Zeit nach der Brotvermehrung gar nicht mehr daran dachten und sich Sorgen machten, weil sie vergessen hatten, Brot mitzunehmen.

Auch Bruder Klaus selber drehte sich nicht um dieses unerklärliche Wunder. Schon in seinem früheren Leben spielten Essen und Trinken eine untergeordnete Rolle, da er es sich seit Kindesbeinen angewöhnt hatte, zu fasten. Er betrachtete es deshalb auch nicht als Wunder, sondern schlicht als eine Gnade, die ihm von Gott zuteil geworden war, damit er zu diesem «einig Wesen», das heisst zur ungeteilten Gemeinschaft mit Gott kommen konnte. So war es nichts als selbstverständlich, dass er auf neugierige Fragen, seine Nahrungslosigkeit betreffend, gar nicht einging. Ein «Gott weiss» musste genügen! Nur bei ganz wenigen Menschen hatte er die innere Freiheit, dieses Thema offen anzusprechen. Das ist sicher *ein* Grund, weshalb später um diese ganze Frage nicht mehr Aufhebens gemacht wurde.

Alles andere als ein Eiferer
Wie das Tuch seines erdfarbenen Eremitenrocks ist sein ganzes Leben von dieser Menschlichkeit durchwoben. Wir finden sie in seinen diktierten Briefen an Regierungen, aber auch in der Art, wie er Ratsuchenden persönlich begegnete. Übereinstimmend berichten alle Besucher, wie warmherzig, aufmerksam und klug sich Klaus jedem Einzelnen zuwandte. Nur da, wo offensichtliche Falschheit im Spiel war, konnte er kurzen Prozess machen. Bei Fragen des Glaubens oder bei schwierigen Entscheidungen, vor denen Ratsuchende standen, konnte er bemerkenswert offen und weitherzig sein. Er war alles andere als ein Eiferer. Er liebte es, sein Gegenüber anzuhören und auch selber von ihm zu lernen.

Besonders schön zeigt dies die bekannte Schilderung des sogenannten Jünglings von Burgdorf, dessen Name uns nicht überliefert ist. Dieser glaubte sich erst ebenfalls zum Einsiedlerleben berufen und suchte deshalb den Rat von Bruder Klaus. Wie einfühlend und pädagogisch klug Klaus den verklemmten Gottsucher abholte, ist beeindruckend. Auf die grüblerische Frage, ob man die Leiden Christi als etwas jetzt Gegenwärtiges oder als ein schon Geschehenes betrachten soll, antwortete Klaus: «Nach welcher Art du es machst, so ist es gut.» Dabei hielt er dem ängstlichen Gewissen dieses jungen Mannes bewusst ein rotes Tuch hin mit der Bemerkung: «Denn Gott weiss es zu machen, dass dem Menschen eine Betrachtung schmeckt, als ob er zum Tanze ginge, und umgekehrt weiss er ihn eine Betrachtung so empfinden, als ob er im Kampfe streite.» Klaus spürte natürlich sofort, dass beim Wort Tanz, das aus seinem Munde kam, das Herz des Jünglings zusammenzuckte. Deshalb wiederholte er es nochmals: «Ja, als solt er an ain dantz gon.»

Zeichen der Mitmenschlichkeit

Eine Tatsache soll nicht unerwähnt bleiben, die auf die Mitmenschlichkeit des Eremiten ein besonders helles Licht wirft. Er hatte ja einem bayerischen Edelmann, der sich später Bruder Ulrich nannte, die Erlaubnis gegeben, dass er in seiner Nähe Gott dienen durfte. Natürlich versuchte dieser rechtschaffene Mann Klaus nachzueifern, indem er sich ein zu hartes Fasten auferlegte und darüber erkrankte. Ein Tafelbild in der Möslikapelle zeigt, wie Klaus ihn zuerst ermahnt, von solchem Fasten abzulassen, um später seiner Frau Dorothea Nachricht zu geben, dem Kranken mit einem nahrhaften Essen wieder auf die Beine zu helfen.

Hans von Waldheim, ein hoch angesehener Patrizier von Halle in Deutschland, besuchte 1474 Bruder Klaus und hat seine Beobachtungen gewissenhaft aufgezeichnet. Er erzählt, dass nach dem Abschied von Klaus dieser nochmals aus seiner Klause herauskam und seinen Beichtvater zu sich rief. «Sie redeten leise miteinander. Ich weiss nicht was. Dann schieden wir von ihm.» Es ist klar: Klaus bat seinen Seelsorger, mit dem hohen Besuch doch auch noch ins Mösli hochzusteigen, um Bruder Ulrich einen Besuch abzustatten, was sie dann auch taten. Das ist Bruder Klaus. Alle Welt drängte zu ihm, aber er vergass nicht, dass jenseits der Melchaa einer ebenfalls seinem Herrn diente, wenn auch weniger berühmt und beachtet. So versuchte er immer wieder, Besucher den steilen Berg hochzuschicken und Bruder Ulrich miteinzubeziehen in den Reichtum von Beziehungen, der sich in den Ranft ergoss.

Ein Knecht ist nicht über seinem Meister

Im Sterben von Bruder Klaus offenbart sich zum letzten Mal, dass er Mensch war und blieb.

Hatte er während seiner ganzen Ranftzeit gleichsam «ausserhalb» seines Leibes gelebt, ohne ihm Speise und Trank zukommen zu lassen, schien es, als ob sich dieser nochmals mit aller Kraft zurückmeldete. Heinrich Wölflin überliefert uns in seiner Biografie des Heiligen eine genaue Schilderung seines Ablebens. Er wurde nicht, wie zu erwarten, von Engeln in Abrahams Schoss getragen, sondern zuvor von einer schweren Krankheit heimgesucht.

«Da sie den ganzen Körper ergriff, klagte er aus angstvoller Seele über den Schmerz in den Knochen und Sehnen, so dass, da das Fleisch verzehrt und beinahe abgestorben war, er, sich hin und her wälzend, nirgends ruhig bleiben konnte. Als er dieses Leiden bis zum achten Tage nicht weniger geduldig als armselig ertragen, begann er brennend nach der Wegzehrung des heilsamen Leibes und Blutes Christi zu verlangen. Und nachdem er sie empfangen, hauchte er, nach seiner Gewohnheit auf dem blossen Boden ausgestreckt, mit Danksagung am 21. März des Jahres der Menschwerdung 1487, siebzig Jahre alt, seine Seele aus, unter unnennbarer Trauer aller» (zitiert aus «Dokumente über Bruder Klaus», zusammengestellt von Werner Durrer, Kaplan). Ein Knecht ist nicht über seinem Meister. Bruder Klaus blieb die Todesnot nicht erspart, wie sie später Paul Gerhardt in seinem bekannten Passionslied zum Ausdruck brachte: «Wenn mir am allerbängsten wird um das Herze sein, so reiss mich aus den Ängsten kraft deiner Angst und Pein.»

2. Klaus ist ein Heiliger im Werden

Äusserlich ist die Berufung von Bruder Klaus nicht einfach eine Start-Ziel-Geschichte. Sein Leben schien sich bis zu seinem fünfzigsten Lebensjahr eher im gegenläufigen Sinn zu entwickeln. Er stellte sich vorerst für öffentliche Ämter zur Verfügung und erfüllte seine Bürgerpflicht auch bei Waffengängen seines Standes, während zu Hause die Kinderzahl wuchs und wuchs. Doch der Cantus firmus seiner eigentlichen Berufung, den er schon im Mutterleib drin hörte, verstummte nie. Berufungen kommen von Gott. Sie sind nie Mittel zum Zweck, damit sich in der Kirche oder im Reich Gottes etwas bewegt. Wenn's nur das wäre, hätte der Gott der Heerscharen genügend himmlische Genietruppen. Berufungen müssen gekoppelt sein an eine innere Transformation, sodass unser Leben zunehmend das Bild des Schöpfers spiegelt. Dieser will keine Söldner in seinem Reich, sondern Söhne und Töchter, die ihn repräsentieren und denen er diese Erde als Erbe anvertrauen kann.

Das Leben von Bruder Klaus ist dafür ein Schulbeispiel. Es demonstriert in einzigartiger Weise diesen inneren Werdegang. Gott ist nicht in Eile. Er braucht auch keine Wunderkinder, auch wenn wir Ansätze dazu in den vorgeburtlichen Visionen bei Klaus sehen. Weil Berufungen immer Schöpfung Gottes sind, können Umwege, Widersprüche oder Verzögerungen dieselben nicht aufhalten. Sie werden zu Rohmaterial, das Gott letztlich dienen muss. «Was er sich vorgenommen und was er haben will, das muss doch endlich kommen zu seinem Zweck und Ziel.» (Paul Gerhardt)

Gottes Wege und Gedanken sind höher

Unsere Berufungen stehen in einem viel grösseren Kontext. Sie sind Teil von Gottes Wegen und Gedanken, die himmelweit über unseren Wegen und Gedanken stehen. Auf dem Schachbrett jener Zeit gab es nicht nur die Figur von Klaus. Da waren Dorothea und die Kinder, in denen das Ja zur Berufung von Klaus reifen musste. Da mussten die entscheidenden Personen in Stellung gebracht werden, die am inneren Prozess von Klaus beteiligt waren. Auch jene handverlesenen Pilger aus dem In- und Ausland, die mit dem Leben des Heiligen verflochten wurden und die uns Wesentliches überliefert haben.

Nicht vergessen sei der berühmte Chronist Heinrich Wölflin. Auch er eine Gottesgabe, da er zur rechten Zeit am rechten Ort war, um im Auftrag der Regierung eine Biografie des Heiligen zu schreiben. Da waren aber auch die politischen Entscheidungsträger jener Zeit, bis hin zu jenen ungerechten Richterkollegen, aus deren Münden die Feuerflammen der Lüge kamen, die Klaus veranlassten, seinen Ämtern den Rücken zu kehren. Niemand ausser Gott kennt sie: die Tausenden von Mosaiksteinchen, die sich schliesslich zu dem uns vertrauten Bild zusammenfügen mussten.

Nachdem dies gesagt ist, wollen wir nochmals zurücktreten vom Bild unseres Heiligen. Seine Berufung übersteigt bei Weitem all unsere Vorstellungen. So wie der Apostel Paulus, war auch Bruder Klaus «ein auserwähltes Werkzeug» für seinen Gott – ein Komet in der Menschheitsgeschichte, wie er nur selten gesehen wird. Und wenn Paulus von sich sagt, er sei Apostel nicht von Menschen, sondern von Gott, so gilt auch von Klaus: Einsiedler, Mystiker und Prophet nicht von Menschen, sondern von Gott allein. Deshalb leuchtet sein Stern, den er schon im Mutterleib und später im Ranft gesehen hat, noch heute, ja, mehr denn je!

3. Das zeitlose Gottesbild von Bruder Klaus

Ich spreche hier ganz bewusst von «zeitlos». In der Regel tragen unsere Gottesbilder das Gewand ihrer Zeit und Kultur. Nicht so bei Klaus. Er ist seinem Gott begegnet. Da war der Besuch jener drei Männer, die ihm das Kreuz hinterliessen, oder jene weisse Wolke, aus der eine Stimme zu ihm sprach. In einer offenen Vision im Ranft waren es dann die Stromschläge von Gottes Heiligkeit und Kraft, die durch ihn hindurchgingen und ihn zu Boden streckten. Klaus gehört in *eine* Reihe mit den grossen Gestalten der Kirchengeschichte, die Gott gleichsam von Angesicht zu Angesicht gesehen haben.

Seine denkwürdige Begegnung mit jenem «Menschengesicht», umgeben von gleissender Lichtfülle und Energie, ist die Goldwährung hinter dem Gottesbild, das uns von Klaus überliefert ist. Diese «Gottes-Schreck-Erfahrung» ist aber kein Widerspruch zur Tatsache, dass Gott Liebe ist. Es ist nur eine Bestätigung: Gott ist Gott, und wir sind Geschöpfe von Fleisch und Blut. Menschliche Liebe, die nicht gegründet ist in tiefer Achtung und Respekt vor dem Gegenüber, ist eine Liebe mit Verfalldatum. Auch unsere Liebe zu Gott, die das oberste Gebot ist, braucht eine

Verankerung in der Gottesfurcht, wenn sie Bestand haben und reifen will.

Konfrontation mit der Macht des Bösen

Die Kehrseite der Medaille der Gottesbegegnungen waren die ebenso einschneidenden Konfrontationen mit der Realität der dunklen Seite. Einer seiner Söhne wurde Zeuge, wie der Vater bei einer Alpsäuberung im Melchtal wie von einer fremden Hand den Abhang hinunter in die Dornen geschleudert wurde. Auch Erny Rohrer, ein ehemaliger Nachbar und Vertrauter von Klaus, gab im Sachsler Kirchenbuch zu Protokoll, dieser hätte ihm vertraulich erzählt, wie ihm der Teufel täglich viel Leid zufügte, wie ihn aber «Unsere Frau» immer getröstet habe. Als diese Einschüchterungen nichts nützten, tarnte sich der Versucher später als reich gekleideter Edelmann, hoch zu Ross. Dieser stellte Klaus vor Augen, wie erfolglos es sei, gegen den Strom zu schwimmen, und dass er sich doch lieber wieder der Allgemeinheit anpassen solle.

Im Ranft haben dann mit der Zeit solche «Besuche» endgültig aufgehört. Keinem, der Zugang bekommen hat zum Raum des Geistes, bleiben solche Erfahrungen erspart. Man mag darüber lächeln und Personifizierungen des Bösen dem Mittelalter zuordnen. Hannah Arendt prägt im Zusammenhang mit dem Eichmann-Prozess in Jerusalem den Begriff von der «Banalität des Bösen», weil dasselbe gerne im Gewand des Biedermanns daherkommt. Aber die Hölle «dahinter» hat uns Elie Wiesel in seinem autobiografischen Buch «Die Nacht», wo er seine KZ-Erfahrungen als Jugendlicher nachzeichnet, erschütternd vor Augen gemalt – auch wenn diese Macht des Bösen nicht viel mehr ist als eine dunkle Folie, wie Paulus sagt, der ebenfalls mit Satansfäusten geschlagen wurde: *«Der Gott des Friedens aber wird den Satan unter euren Füssen zermalmen in Bälde»* (Römer 16,20).

Von Gott gesättigt

Im Gottesbild von Bruder Klaus steht die Liebe Gottes – alles überstrahlend – im Vordergrund. Eigentlich müsste man sagen: die bedingungslose Liebe Gottes. Man kann das gar nicht genug betonen. Im Ranft ging ein Licht auf, das alle Dunkelheit von Ablasshandel und eigenen Busswerken weit überstrahlte. Nichts könnte das schöner zum Ausdruck bringen als der Gruss, den Klaus jeweils den Besuchern draussen aus seinem Fensterchen entbot: «Gott gebe euch einen guten seligen Morgen, Ihr lieben Freunde und ihr liebes Volk!» An Klaus erfüllte sich das Wort der grossen Teresa:

Gott allein genügt! Klaus war ein von Gott Gesättigter, Abgestillter, wie David es im Psalm 131 beschreibt: *«Wie ein Entwöhnter bei seiner Mutter, wie ein Entwöhnter ist stille meine Seele»* (V.2b). Die inneren Kämpfe hatten aufgehört. Er war in Gott zur Ruhe gekommen und lebte fortan in einem Kraftfeld des Friedens, das bis heute ausstrahlt.

Doch kommen wir nochmals auf die Gottesliebe zurück. Wie ein roter Faden geht dieses leidenschaftliche Hindrängen und Gezogensein Gottes zum Menschen durch die Visionen von Klaus. Sei es im Bild des Brunnens, der wie ein Strahlenblitz und mit gewaltigem Getöse in die Gemeinschaftsküche hineinprescht. Oder im Bild des Kastens im Oberraum, wo das singende Wasser aus allen Ritzen herausdrängt, weil Gott immer noch mehr geben will, als wir in unserer irdischen Beschränktheit imstande sind zu empfangen.

Sei es im Alleluja über dem Menschen, das Himmel und Erde erfüllt und mit hineinreisst in den Jubel. Oder sei es die «minnereiche Demut», mit der uns Gott begegnet, so voll von Liebe, wie ein Honigtopf, der dermassen zugefüllt ist, dass kein Tropfen mehr reingeht. Sei es in den menschlich nicht nachvollziehbaren Dankbezeugungen des Himmels uns gegenüber. Sei es – noch unbegreiflicher – in der Hostie, in der sich der Herr den Seinen ganz und ungeteilt in jedem Partikel schenkt; ja, sei es – wie Klaus einmal sagte – in jedem Bissen Brot, den wir essen. Dies alles kann zusammengefasst werden in der Aufforderung, mit der die Vision von der dreifachen Danksagung beginnt: «Komm und sieh deinen Vater!»

Bedingungslose Liebe

Diese Botschaft von der Liebe Gottes mag uns sehr vertraut klingen. Sie ist heute zum beherrschenden Thema des Evangeliums schlechthin geworden. In einem Brief berichtet uns Peter Schott, ein bekannter Gelehrter, der den Gottesfreunden im Elsass nahestand, von seinem Besuch bei Bruder Klaus. Als er Klaus um eine Unterredung bat, stellte ihm dieser als Erstes die Frage: «So sage mir, was weisst du von der Liebe Gottes zu sagen?» Bei aller Faszination, die jene oben genannten Bilder über die Liebe Gottes in uns auslösen, müssten auch wir uns diese Frage gefallen lassen: Was weisst *du* von der Liebe Gottes zu sagen?

Die Antwort, die Schott seinerzeit Klaus gab, mag erstaunen. Sie sei hier im Wortlaut wiedergegeben: «Mein Vater, das ist der Grund meiner Freude an Gott und meiner Liebe zu ihm, dass er mich als Mensch erschuf und dass er mir die Gnade gab, ihn zu erkennen und dass mir seine

Gebote geoffenbart sind. Und sollte er auch um meiner Sünden willen mich verdammen, wollte ich dennoch nicht, dass er mich nicht erschaffen hätte. Denn sollte nicht seine milde Güte an mir sich offenbaren können, so würde seine wahrhaftige Gerechtigkeit durch mich erkannt, indem er mich gerecht bestrafte. Ich habe Gott so lieb, dass ich nicht wollte, dass diese Ehre ihm entzogen würde.»

Dieser Gedankengang klingt für uns sehr ungewohnt und fremd. Doch die Quintessenz davon ist, dass da einer seinen Gott so sehr liebt, dass er sich in all seine Führungen fraglos schicken würde, auch in eine hypothetische Verdammung, wenn nur Gottes Ehre keinen Abbruch erleidet. Schott schreibt, dass ihn darauf Bruder Klaus angeschaut und ihm einen erhabenen Namen gegeben habe. Das heisst: Klaus war von der Antwort Schotts beglückt und beeindruckt, weil dieser ihm offenbar aus dem Herzen gesprochen hatte. Auf eine bedingungslose Liebe Gottes kann es als Antwort von uns nur eine ebenso bedingungslose Liebe zu ihm geben. So wie es Eduard Mörike einmal ausgedrückt hat: «Herr, schicke, was du willst / ein Liebes oder Leides / Ich bin vergnügt, dass beides / aus deinen Händen quillt.» Bruder Klaus hat diese bedingungslose Liebe gelebt. Sie ist das Wasserzeichen dafür, dass wirklich

Gottes Liebe in unsere Herzen ausgegossen worden ist. Sonst ist solche Liebe nicht mehr als ein Geschwulst am Herzen, das den Namen «Eigennutz» trägt.

4. Bruder Klaus lebt und handelt im Geist

Mit der Renaissance der Geistesgaben im letzten Jahrhundert kam wieder Wind in die Segel festgefahrener Kirchlichkeit. An die Stelle von Religion traten Leben und Eigeninitiative, Glaubens-Erfahrung und Mut zum Wagnis. Heute ist es bald Norm, dass man Kranken die Hände auflegt, prophetische Worte der Erkenntnis weitergibt oder in neuen Sprachen spricht und singt. Solche und andere Phänomene, die unter dem Oberbegriff charismatisch oder pfingstlich zusammengefasst werden, sind alle in den Schriften des Alten und Neuen Testaments bezeugt. Sie haben nie aufgehört, als Grundwasserstrom durch die Kirchengeschichte hindurch zu fliessen und sporadisch da und dort wieder aufzubrechen. Dass Klaus in der Gabe der Prophetie so kraftvoll und originell agierte, muss also nicht erstaunen. Er steht damit mitten in diesem ewig jungen Strom der Geistesgaben, der sich schöpferisch in Herzen ergiesst, die sich dafür öffnen. Bruder Klaus hatte eine innige Liebe zu Jesus, und gemäss einem Wort von Offenbarung 19,10 ist das Zeugnis Jesu der Geist der Prophetie!

Zu Hause in der Welt Gottes

Trotzdem: Klaus darf nicht auf eine Gabe festgelegt werden. Er lebte im Geist, das heisst, er war vertraut und zu Hause in der Welt Gottes, wo es keine Unmöglichkeiten gibt. Gerade dass er dabei durch und durch Mensch war und blieb, zog diese Gottes-Welt an wie eine Baumkrone den Blitzstrahl. Dass Jesus «wahrer Mensch und wahrer Gott» war, schliesst sich nicht nur nicht aus, sondern ist im Gegenteil die tiefste Erfüllung von Gottes eigener Sehnsucht nach seinem Geschöpf und Ebenbild. Manches, was von Klaus erzählt wurde, trägt den Stempel des Fantastischen, das man eher dem Legendenhaften zuordnen würde. Dazu gehört, dass Klaus schon im Mutterleib die drei Schlüsselbilder für seine künftige Berufung gesehen haben will oder dass er bei der Geburt seine Mutter und Hebamme erkannt habe. Zudem erinnerte er sich an den Taufgang nach Kerns und an den Priester und die beiden Paten, wie auch an einen älteren unbekannten Mann, die dort um den Taufstein standen.

Die gut bezeugte Lichterscheinung vor Liestal und die Erinnerung, dass ihm dort wie mit einem

Messer der Bauch aufgeschlitzt worden sei, muss da ebenfalls erwähnt werden. Dann ist die Geschichte überliefert von einem Studenten, der aus Paris Bruder Klaus zwei Briefe überbringen sollte, aber unterwegs einen verlor. Als er in seiner Gewissensnot im Ranft ankommt, soll ihm Klaus entgegengekommen sein, den verlorenen Brief in der Hand. Auch das Gerücht, das sich hartnäckig behauptete, dass Klaus gelegentlich in der Klosterkirche Einsiedeln gesehen worden sei, obwohl niemand zu sagen wusste, auf welchem Weg er dorthin gelangte, gehört hierher. Die Liste könnte beliebig verlängert werden. In einem Leben, das während zwanzig Jahren ohne Nahrung und Flüssigkeit voll aktionsfähig blieb, darf es ruhig noch ein paar andere Rätsel geben.

Die Zelle – Ort des Gebets und Drehscheibe von Tagespolitik

Vieles, was sich ebenso aussergewöhnlich anhört, ist Frucht von einem Leben im Geist. So die Tatsache, dass Klaus oft schon im Voraus wusste, wer ihn besuchen werde. Die Motive solcher Besuche waren ihm genauso offenbar wie verborgene Nöte von Ratsuchenden, die draussen in der Menge standen. So konnte manche Mühselige und Beladene, die von Klaus ohne Namensnennung eine Antwort bekommen hatte, mit frohem Herzen wieder vom Ranft hinaufsteigen. Aber auch das gab's, dass einem hohen Geistlichen, der Klaus auf die Schippe nehmen wollte, auf seine Frage, was denn Geiz sei, von Klaus der Spiegel über dessen geizige Machenschaften vorgehalten wurde, und zwar so detailliert, dass jener verstummte.

Auch die Friedensmissionen von Bruder Klaus, sei es im Land oder jenseits der Grenzen, sind geistgewirkt. Sicher, Klaus hatte in seinem früheren Leben die Schule eines Politikers durchlaufen. Aber seine Vermittlungsvorschläge waren weit mehr als nur kluge politische Ratschläge. Es war Wort, das aus dem Munde Gottes kam und in sich selber eine Überzeugungskraft trug, die Parteien miteinander versöhnen konnte. Der Geist soll auf alles Fleisch ausgegossen werden, weil Gott die Welt liebt. Deshalb war die Zelle des Heiligen nicht nur ein Ort der Versenkung und des Gebets; sie wurde zunehmend auch zu einer Drehscheibe von Tagespolitik und Öffentlichkeitsfragen.

V. DAS RADBILD ALS ZUSAMMENFASSUNG

Am Schluss soll hier jenes Bild stehen, das Bruder Klaus explizit als *sein* Buch bezeichnet hat: Das Radbild, das Teil seines Lebens wurde und in dem er – wie er selber sagte – immerzu las, ohne es ausschöpfen zu können. Ob er selber dieses archaische Bild geschaffen hat, wie manche annehmen, oder ob Klaus es von jemandem bekommen hat, ist letztlich nicht von Bedeutung. Bruder Klaus und seine geistige Welt sind untrennbar mit diesem Bild verbunden. Es ist und bleibt *sein Buch,* so wie ein bestimmtes Bibelwort im besten Sinn *unser* Wort und Lebensmotto werden kann.

Das Sachsler Meditationsbild

Auch dass es von diesem ursprünglichen Radbild ein erweitertes Meditationsbild gibt, das reichlich Stoff bietet für Deutungen und tiefsinnige Spekulationen, steht hier nicht zur Debatte. Heinrich von Gundelfingen, ein Zeitgenosse von Bruder Klaus, der bereits 1488 die erste Biografie über Klaus verfasste, schreibt darin, dass er bei seinem Besuch im Ranft dieses zweite, ausführliche Radbild in Klausens Kapelle gesehen habe. Zitat: «Lernte er (Bruder Klaus) nicht auch in jener Hochschule des Geistes jene Darstellung des Rades, die er in seiner Kapelle malen liess und durch die er wie in einem klaren Spiegel das ganze Wesen der Gottheit widerstrahlen liess?»

Es darf bezweifelt werden, ob Klaus wirklich den Auftrag gegeben hat, dieses vielschichtige Meditationsbild zu malen, da es mit Sicherheit *nicht* von ihm stammt. Peter Schott, ein bekannter Kanonikus von Strassburg (1458 – 1490), hatte offenbar 1482 Klaus besucht, das heisst, er war *nach* von Gundelfingen bei Klaus. Und Schott berichtet, dass Klaus ihn im Laufe des Gesprächs gefragt hätte, ob er ihn auch «sein Buch» sehen lassen könne. Zitat: «Und er brachte mir eine gezeichnete Figur, einem Rad mit sechs Speichen.» Und Schott zeichnet das archaische Radbild an dieser Stelle in seinem Bericht nach.

Wir schliessen daraus: Beide Bilder, das archaische, einfache wie auch das grosse Sachsler Meditationsbild (so genannt, weil sich das Original in Sachseln befindet und eine Kopie desselben auf einem Seitenaltar der Pfarrkirche aufgestellt ist) – beide haben schon zur Zeit von Klaus nebeneinander existiert. Es ist mehr als einleuchtend, dass das reich gestaltete, farbige Bild voller Geheimnisse immer mehr das schlichte, «gezeichnete» Urbild in den Hintergrund drängte und schliesslich zum Meditationsbild von Bruder Klaus erklärt wurde.

Bei aller Liebe und allem Respekt für seine tiefsinnigen Aussagen und den unvergänglichen künstlerischen Wert desselben: Auch wenn Klaus – wie Schott berichtet – zu einigen Speichen ähnliche Aussagen gemacht haben sollte, wie sie in den jeweiligen Medaillons dargestellt sind, für Klaus war das Urbild Spiegel seiner tiefsten Frömmigkeit. Im Urbild ist das Geheimnis der heiligen Dreieinigkeit am schönsten und reinsten dargestellt. Da ist sie: die eine, unteilbare Mitte, die gleichzeitig alles Seiende fest umfasst, die innerste Mitte der Gottheit und des Vaterherzens, von dem alles ausgeht und alles wieder dahin zurückkehrt.

Holzrad neben Holzkreuz
Verweilen wir hier für einen kurzen Moment. Das christliche Abendland war damals ausschliesslich geprägt durch das Kreuzzeichen. Das Kreuz war allgegenwärtig: in Kirchen und Häusern, auf Feldern und an Wegen, auch als das Kreuzzeichen, mit dem man sich damals wie heute unter den Schutz Gottes stellt. Seit dem Heiligen Bernhard von Clairvaux im 12. Jahrhundert gab es die sogenannte Kreuzesmystik, die sich auch in den Stigmata des Heiligen von Assisi

niederschlug. O CRUX SPES UNICA MUNDI! O Kreuz, einzige Hoffnung der Welt! Und nun rückt für Klaus und für manche Mystiker seiner Zeit plötzlich das Radbild ins Bewusstsein: Das Holzrad mit den sechs Speichen tritt neben das Holzkreuz mit dem aufrechten Pfahl und dem Querholz. Wohlverstanden nicht als Ersatz!

Wir haben es erwähnt, welches Gewicht das Leiden und Sterben Christi und seine Gegenwart in der Hostie für Klaus hatte. Am Kreuz offenbart sich unsere Schuld und gleichzeitig unsere Erlösung durch die unfassbare Liebestat Gottes. Das Radbild hingegen eröffnet uns einen Blick in den Urgrund und das Wesen von Gott selber. Wir erinnern uns an die Vision vom Pilger mit der Bärenhaut, wo aus einem Ursprung drei vollkommene Worte hervorgehen und sogleich wieder verschlossen werden, ohne dass die drei Worte einander berührten, und Klaus das Empfinden hatte, es sei eigentlich nur *ein* Wort gewesen. Das ist eine kopernikanische Wende, dass Klaus nicht ständig auf das Kreuz und damit auch auf die menschliche Sünde fixiert bleiben musste, sondern Gott als Gott sehen konnte, der zuerst und vor allem in dieser geheimen Dreiheit eine vollkommene Liebe in sich selber lebt, um dann in den drei Personen mit ihren je besonderen heilsgeschichtlichen Wirkungsweisen auf die

Schöpfung und den Menschen aufzutreffen. Vollkommener könnte die Trinität nicht dargestellt werden, vor allem in dieser klaren, messerscharfen ungeteilten Mitte, «worin sich alle Heiligen erfreuen» (Aussage von Klaus nach der Erinnerung von Peter Schott).

Die Weltgerichtstafel
Kehren wir nochmals zur Sachsler Meditationstafel zurück. Das Geheimnis der Trinität ist hier verdeckt, um nicht zu sagen zugedeckt, durch das alles beherrschende «Christus-König-Haupt» (Karl Heinz Zeiss). Dieses erinnert an den kommenden Weltenrichter, vor dem wir alle einmal stehen werden. Die nach dem Gleichnis vom grossen Völkergericht (Matthäus 25) in den Medaillons verteilten Hinweise deuten auf die Werke der Barmherzigkeit, nach denen wir einmal gerichtet werden sollen. Wir sehen, hier wird dem Heilsgeschehen eine Katechese über die von uns geforderten Werke untergeschoben. Damit verschiebt sich das ursprüngliche Zentrum der Aussage über das Geheimnis der Dreieinigkeit und ihrer Beziehung zu Mensch und Schöpfung wieder auf die diesseitige Ebene unserer Schuldigkeit Gott und Mitmensch gegenüber.

Karl Heinz Zeiss sagt deshalb zu Recht, man könnte das Sachsler Meditationsbild auch als

«Weltgerichtstafel» oder als «Parusiabild» bezeichnen (nach dem 3. Medaillon von rechts unten, wo nach Meinung von Zeiss die Wiederkunft Christi und das Weltgericht dargestellt ist). Jedenfalls ist dieses Bild in seiner unbestrittenen Geistigkeit und Genialität – im Gegensatz zum Urbild des Rades – ein kirchlich-dogmatisches Bild, das uns wieder in den vertrauten Raum der Tradition und der gewohnten Denkmuster zurückholt. Deshalb konnte es auch ohne Mühe von verschiedenen Fastenaktionen als sogenanntes Fasten- oder Hungertuch instrumentalisiert werden.

«Welches du auch bevorzugst ...»

Abschliessend sei nochmals betont: Die beiden Bilder, das ursprüngliche Radbild und das Sachsler Meditationsbild, dürfen nicht gegeneinander ausgespielt werden. Bruder Klaus in seiner Weisheit würde wohl sagen: Welches du auch bevorzugst, so ist es gut. Nur schon die meditativen Texte von Silja Walter zur Sachsler Tafel im Bändchen «Gesicht im Goldkreis» sind ein Schatz in sich selber. Aber für das Verständnis von Bruder Klaus muss an der revolutionären Weite des Gottesbildes festgehalten werden, wie sie für Klaus im Urbild vom Rad ausgedrückt ist.

Dieser reinen Ausformung des trinitarischen Geheimnisses könnte die Dreifaltigkeits-Ikone von Andrei Rubljow (gemalt um ca. 1410) zur Seite gestellt werden: Auch sie bildet reine Anbetung der Gottheit in ihrer Fülle ab. Oder die Ikonostase, die goldene Ikonenwand in orthodoxen Kirchen, die den Altarraum dahinter vom Kirchenschiff abtrennt. Diese ist wie eine Vorwegnahme der Ewigkeit, wo wir Gott einmal sehen werden – nicht mehr durch das Kreuz hindurch, wie hier auf Erden, sondern von Angesicht zu Angesicht, weil es dort wohl ein Lamm, aber kein Kreuz mehr geben wird. Auch Klaus lebte bereits schon in dieser ewigen Anbetung. Er brauchte dafür keine zusätzlichen Bilder. «Sein Buch», das schlichte Radbild, genügte vollkommen.

Anmerkung: In der neueren Forschung gibt es die These, wonach es dieses archaische «Urbild» des Rades nie gegeben haben soll. Klaus hätte demnach allein das Sachsler Meditationsbild gekannt. Doch die Argumente überzeugen mich nicht. Zu sehr ist das einfache Radbild in der Tradition verankert, und zu sehr spricht Klausens Verwurzelung im Geheimnis der Trinität für die Existenz zweier Bilder.

VI. EPILOG

Die Tatsache, dass Bruder Klaus um seiner Berufung willen die Familie verlassen hat, war und ist für viele Menschen bis heute der grösste Stein des Anstosses. Nicht umsonst ist das Kreuz die Mitte des christlichen Glaubens – Zeichen, dass die Wege Gottes unsere Menschenwege weit übersteigen und oftmals durchkreuzen! Wer sich also auf Jesus einlässt und sein Reich auf Erden an die erste Stelle setzen will, muss deshalb sein Kreuz – all die offenen Warum-Fragen – auf sich nehmen. Sein Reich ist nicht von dieser Welt und gehorcht anderen Gesetzen. Doch Gott hat versprochen, dass er sich um die Konsequenzen solcher Warum-Wege kümmern will: «*... dann werden euch all diese* (scheinbar verpassten oder verlorenen) *Dinge hinzugefügt werden*» (Matthäus 6,33).

Deshalb noch ein kurzer Blick auf die älteste Tochter von Bruder Klaus, Dorothea, und ihr erstes Kind, Konrad Scheuber. Dorothea wurde um 1480 einem begüterten Bergbauern von Wolfenschiessen im Engelberger Tal zur Frau gegeben. Aus dieser Gemeinde stammte schon die Mutter von Bruder Klaus. Vermutlich im Jahr der Tagsatzung zu Stans (1481) kam Konrad zur Welt – sechs Jahre also vor dem Tod seines Grossvaters.

Es ist keine Frage, dass Dorothea des Öfteren mit ihrem Kind im Ranft zu Besuch war. Auch wissen wir, dass beim Sterben von Klaus seine ganze Familie samt Kindeskindern zugegen war.

Fortzeugendes Leben
Der Ranft sowie die Ausstrahlung und der Segen dieses Grossvaters müssen sich Konrad tief eingeprägt haben. Sie waren gleichsam die Folie für seine eigene Lebensberufung. Auch Konrad genoss später das ungeteilte Vertrauen seiner Landsleute und war ein gefragter Mediator und Friedensstifter. Er beteiligte sich als Rottmeister an verschiedenen Kriegszügen und bekleidete, wie Klaus, wichtige öffentliche Ämter. Im Unterschied zu Klaus schlug er jedoch das höchste Amt des Landammanns nicht aus, obwohl er jener Landsgemeinde, wo die Wahl eines neuen Landammanns anstand, bewusst fernblieb und erst durch einen Boten von seiner Wahl erfuhr. Nach seinem ersten Biograf «verwaltet er das Ampt ein gantzes Jahr durch mit grossem Lob, Ehr und Nutz des Vatterlants ...»

Doch dann – inzwischen 63-jährig – holte ihn der Schatten seines Grossvaters wieder ein und zog ihn als Eremiten hinunter in den Ranft! Wie seinerzeit Dorothea, Klausens Weib, fand auch Margaretha ihren Mann Konrad «nächtens oft wach und betend beim grossen Stubenkreuz». Auch Konrad erbat sich das Ja seiner Gemahlin wie auch das seiner beiden Töchter und der Schwiegersöhne zu seinem künftigen Weg. Und nachdem er alles geordnet hatte, bezog er im Herbst 1544 die Ranftklause seines Grossvaters. Es war nur folgerichtig, dass er sich jetzt ebenfalls den Bruder-Namen zulegte: Bruder Konrad Scheuber, oder wie das Volk ihn nannte: Bruder Scheuber.

Der rettende Gedanke

Doch der armselige Bretterverschlag von Klausens Zelle war für jemanden, der im Gegensatz zu Klaus auf einen kleinen Haushalt angewiesen war, auf Dauer nicht zumutbar. So liess er sich bei der unteren Ranftkapelle ein Bruderhäuschen erbauen. Aber er kam auch dort nicht zur Ruhe: Die vielen Pilger, die in den Ranft strömten, nicht zuletzt aber auch die eigenen Landsleute, die den bekannten Ratgeber und Friedensstifter sehen und sprechen wollten, wurden ihm zur unerträglichen Last. Konrad verliess den Ranft und kehrte wieder nach Hause zurück. Wie jene vier Lichter, die Bruder Klaus den Weg in den Ranft wiesen, so kam Bruder Konrad der rettende Gedanke zu Hilfe: Alp Bettelrüti ob Wolfenschiessen am Wellenberg, notabene eine Alp, die seinem Geschlecht gehörte! Wieder wurde an Ort und Stelle ein Bruderhäuschen gebaut, und diesmal erfüllte tiefer Friede Konrads Seele. Er hatte heimgefunden in seine Bestimmung für die letzten, beinahe zwölf Jahre seines Lebens. Diese waren wie ein Spiegelbild der Ranftzeit seines Grossvaters.

Einfluss als Landesvater

Niemand, der den Weg auf die Bettelrüti unter die Füsse nahm, ging dort ohne Trost, Wegweisung und neue Hoffnung weg. Konrad wurde – ähnlich wie Klaus – zu einem Landesvater. Manche unerklärlichen Geschichten, die man sich über das Wirken von Bruder Klaus erzählte, sind so oder ähnlich auch im Leben von Bruder Konrad bezeugt. Beiden Männern eignete ein prophetischer Blick in die Zukunft von Einzelnen oder eines Volkes, der sich im Nachhinein immer wieder bestätigt hat. Deshalb hat man die Voraussagen oder «Weissagungen» Scheubers später gesammelt. Bekannt ist vor allem seine Voraussage, dass das französische Königshaus der Valois unter merkwürdigen Schicksalsschlägen aussterben werde, was dann auch geschah.

Die Erinnerung an Bruder Scheuber ist heute noch lebendig im Stand Unterwalden, auch wenn nie ein Kanonisationsprozess angestrebt wurde. In der Kirche zu Wolfenschiessen liegen in einem Sarkophag vor dem Chor die Gebeine Konrads, und neben der Kirche steht immer noch sein nachgebautes Bruderhäuschen. An der Stelle aber, wo es auf der Bettelrüti gestanden hatte, wurde später eine Marien-Kapelle gebaut. Ein Nachfahr von Bruder Konrad, Joseph Konrad Scheuber, hat 1959 zu dessen vierhundertsten Todestag ein heute leider vergriffenes, eindrückliches Lebensbild von ihm verfasst, auf das ich mich in meinen Ausführungen beziehe: «Bruder Konrad Scheuber», herausgegeben im Verlag Joseph von Matt in Stans.

Wahres Leben wird aus dem Sterben geboren

Natürlich ist die Erinnerung an diesen Enkel von Bruder Klaus keine Antwort auf die eingangs gestellte, kritische Frage, weshalb Bruder Klaus seine Familie verlassen hat. Dieses Ärgernis muss bestehen bleiben, sonst müssten wir auch das Kreuz im Leben von Jesus als das wohl grösste Ärgernis für den menschlichen Verstand aus dem Evangelium eliminieren oder umdeuten! Und doch: Der Hinweis auf Bruder Scheuber soll uns an das tiefste Geheimnis des Lebens erinnern: Dass wahres Leben nur aus dem Sterben von eigenen Vorstellungen und Wünschen heraus geboren werden kann. Dreh- und Angelpunkt des christlichen Glaubens ist und bleibt das Kreuz!

«*Wenn das Weizenkorn nicht in die Erde fällt und erstirbt, bleibt es allein; wenn es aber erstirbt, bringt es viel Frucht.*» (Johannes 12,24)

Was wir als Menschwerdung Gottes beschreiben, meint nichts anderes. Gott fällt als Samenkorn in die Erde dieses Planeten und stirbt am Kreuz mit einem Schrei, der für uns den Quell ewigen Lebens neu aufbrechen lässt. So lesen wir auf einer der Tafeln, welche die Marienschwestern von Darmstadt entlang dem Weg zum Ranft angebracht haben:

«*Nie kann ein Opfer gebracht werden, ohne dass an einer andern Stelle neues Leben aufbricht!*»

Gerade im Opfer, welches Klaus und Dorothea zusammen mit ihren Kindern gebracht haben, leuchtet diese Wahrheit auf, die Bruder Klaus in der Brunnenvision in Worte gefasst hat. Konrad Scheuber ist nur ein winziger Hinweis für die Fülle dieses fortzeugenden Lebens, das sich aus der Ranftschlucht durch alle Jahrhunderte hindurch in die Welt ergiesst und Menschen ergreift, gemäss dem geistlichen Gesetz: «W e n n es aber erstirbt, dann bringt es viel Frucht!»

VII. ANHANG

Die Tafelbilder in der oberen Ranftkapelle

Ein Stationenweg durch das Leben von Bruder Klaus

Der im Täfer eingelassene Zyklus von heute siebzehn farbigen Bildern soll gemäss Angaben des Wallfahrtssekretariates 1821 von einem gewissen Balz Heymann gemalt worden sein. Wie der in sich ruhende, gotische Kruzifixus an der Chorwand, so prägt auch dieser Bilderfries entlang den Bänken im Kirchenschiff die schlichte, friedvolle Atmosphäre des Raumes. Über den Bildern an der Rückwand grüsst sinnigerweise das vergitterte Fensterchen der Zelle von Bruder Klaus, durch welches er freie Sicht auf den Altar hatte, um so der heiligen Kommunion beiwohnen zu können.

Die Bildtafeln erinnern in ihrer realistisch-naiven und doch ergreifenden Darstellungsweise an eine Biblia Pauperum, eine sogenannte Armenbibel, die im Mittelalter auch für Analphabeten biblische Geschichten des Alten und Neuen Testamentes erlebbar machte. Die farbigen Bilder sind Ausdruck echter Volksfrömmigkeit. Neben legendenhaften Zügen fliesst da ein Strom von zweifellos echter Überlieferung, der sich zum Teil auch in der Angabe von genauen Datierungen niederschlägt. Vor allem: In ihrer anrührenden Schlichtheit bilden sie keinen Widerspruch zum barfüssigen Eremiten im braunfarbenen Rock. Darum soll hier einmal ihr Licht dankbar auf den Leuchter gestellt werden. Die Bildlegenden entsprechen den in der Kapelle angebrachten Schriftzügen.

Niklaus wird in Kerns getauft
und erkennt dabei Paten und Priester: 1417

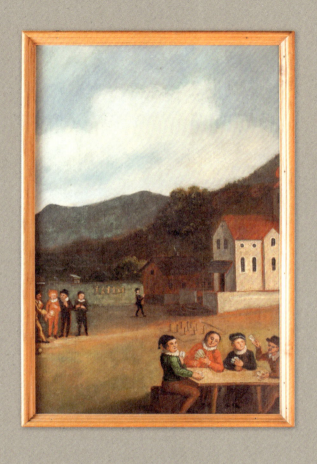

Niklaus eilt von spielenden Kameraden weg
zum Gotteshaus

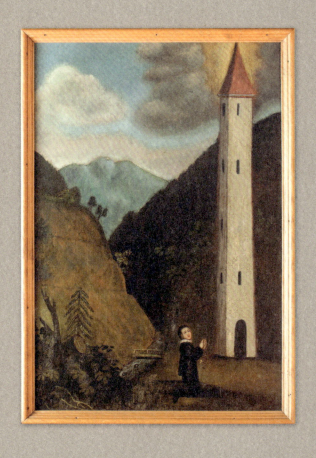

Mit 16 Jahren sieht er einen hohen Turm:
er selbst soll ein Turm der Heimat werden

Eine Lilie wächst ihm aus dem Mund,
wird aber vom Pferd verschlungen, sobald er
dieses wohlgefällig ansieht

Rottmeister von Flüe
bleibt auch im Krieg Christ

Der Teufel wirft den frommen Bauern
ins Dorngebüsch

Drei geichgestaltete Männer fordern
Niklaus zum vollkommenen Gottesdienste auf:
ihr Zeichen ist das Kreuz

Richter von Flüe sieht aus dem Mund
ungerechter Richter Feuerflammen entspringen

Bruder Klaus nimmt Abschied
von seiner Familie: 16. Oktober 1467

Vor Liestal durchsticht ein Engel ihm den Leib:
von da an isst und trinkt er nicht mehr

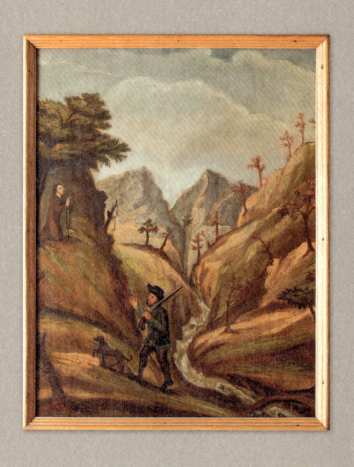

Jäger entdecken den Einsiedler
auf der Klisterli-Alp

Ein Strahl vom Himmel weist Bruder Klaus
den Weg zur Ranft

Der Weihbischof von Konstanz
prüft das Fastenwunder: 26. April 1469

Bruder Klaus löscht der Brand von Samen:
13. Aug. 1468 – und zeigt einem Ehebrecher die Hölle

Dem Beter Klaus erscheint das Haupt
der göttlichen Dreieinigkeit

Bruder Klaus stirbt,
umgeben von seiner Familie: 21. März 1487

Bruder Klaus erscheint himmelfahrend seiner Frau
und zwei Nachbarn auf dem Flüeli

EDITORISCHE NOTIZ

Mein herzlicher Dank geht an Jörg Steinmetz, Frankfurt am Main, für seine exzellente Wiedergabe der Tafelbilder. Er war auch federführend bei der grafischen Gestaltung dieses Büchleins.

Seinem Freund, Marcus Watta, Leiter des Schleife Verlags in Winterthur, gilt ebenso meine tiefe Dankbarkeit: Er hat das Werden dieser Schrift von Anfang an begleitet. Dank seiner Beharrlichkeit konnte ich mich schliesslich doch zu einer Veröffentlichung meiner fragmentarischen Einsichten und Erkenntnisse durchringen.

Dieses Büchlein widme ich dem Gedenken an meinen Freund, Pfarrer Michael Herwig (1944–2016). Bereits gezeichnet vom Tod, hat er noch unmittelbar vor seinem Heimgang an einem Wochenende der katholischen Erneuerung im Melchtal seinen katholischen Geschwistern unter Aufbietung der letzten Kräfte gedient, *ut unum sint – Dass sie eins seien!*

© 2017 Geri Keller

Der Name Jesus sei euer Gruss
Bruder Klaus – ein Thesenanschlag Gottes

2. Auflage November 2017
© Schleife Verlag, Pflanzschulstrasse 17,
Postfach 85, CH-8411 Winterthur, Switzerland
Tel +41 (0)52 2322424 Fax +41 (0)52 2336082

Email: verlag@schleife.ch
www.schleife.ch

ISBN 978-3-905991-26-0
Bestellnummer 120.116

Die Bibelstellen sind der Zürcher Bibel 1955 entnommen.

Lektorat: Judith Petri, Thomas Bänziger

Gestaltung, Satz und Reproduktion der Tafelbilder
in der oberen Ranftkapelle: Jörg Steinmetz

Rad-Abbildungen Seite 1 und Seite 143
© Bruder-Klausen-Stiftung, Sachseln

Druck: optimal media GmbH, DE-Röbel

Alle Rechte vorbehalten,
auch für auszugsweise
Wiedergabe und Fotokopie